KB169343

수행평가를 중심으로 교육과정 통합하기

교육과정 통합,

어떻게 할 것인가?

수행평가를 중심으로 교육과정 통합하기

교육과정
통합,
어떻게 할 것인가?

초판 1쇄 발행 2017년 6월 29일
초판 3쇄 발행 2020년 3월 1일

글쓴이 성열관·김진수·양도길·엄태현·김선명·김성수
펴낸이 김승희
펴낸곳 도서출판 살림터

기획 정광일
편집 조현주
북디자인 꼬리별

인쇄·제본 (주)현문
종이 월드페이퍼(주)

주소 서울시 양천구 목동동로 293, 22층 2215-1호
전화 02-3141-6553
팩스 02-3141-6555
출판등록 2008년 3월 18일 제313-1990-12호
이메일 gwang80@hanmail.net
블로그 http://blog.naver.com/dkffk1020

ISBN 979-11-5930-041-7 03370

*가격은 뒤표지에 있습니다.
*잘못된 책은 바꾸어 드립니다.
*이 책은 저작권법에 따라 보호를 받는 저작물이므로 무단 전재와 복제를 금합니다.

수행평가를 중심으로 교육과정 통합하기

교육과정 통합, 어떻게 할 것인가?

성열관 · 김진수 · 양도길 · 엄태현 · 김선명 · 김성수 지음

살림터

이 책은 (사)충남교육연구소의 연구지원에 의한 결과로 출간되었습니다.

학교지식은 추상적이고 이론적이며, 삶은 구체적이고 실천적이다. 그런데 학교는 지식을 중심으로 가르치기 때문에 삶의 측면에서 중요한 것을 간과할 때가 많다. 그래서 지식과 삶을 통합시킨 교육과정은 지식과 삶 모두에서 성장을 가져온다. 또한 교과 내에서의 통합은 물론 교과 사이에서의 통합도 역시 중요한 과제이다. 이 책은 이 두 가지 과제가 교실에서 효과적으로 실현될 수 있도록 교사들을 도와주기 위해 집필되었다. 우리 저자들은 교실에서 선생님들이 교육과정을 통합하여 배움 중심 교육을 실현해 나간다면 학생들이 지식의 희열을 맛보는 것은 물론 삶의 기술과 민주적 시민 주체로 살아갈 수 있는 힘을 기를 수 있다는 믿음에서 이 저술 프로젝트에 착수했다.

그래서 이 책은 이론의 소개나 주장에만 머무르지 않고, 실제로 교사들이 통합교육과정을 설계하고 이를 교실에 적용하면서 학생들의 참여와 성장 과정을 지켜본 결과에 기초한 것이다. 그렇기에 교사들의 실천과 연구의 결과라는 측면에서 의미가 크다. 이 책에서 제시한 모형이나 템플릿은 외국 서적을 많이 참고했으나, '수행평가를 중심으로 다양한 교과를 통합하는 아이디어'는 연구진이 도출한 핵심 전략이다. 이 점에서 독자들은 '수행평가를 중심으로 교과를 통합하는 전략'이 전체를 관통하고 있다는 점을 염두에 두고 이 책을 읽어 나가기 바란다.

이 책에서 제안한 전략들은 모든 학교의 모든 교사들이 보고 활용할 수 있도록 집필되었다. 한편 다른 학교보다 먼저 모범을 창출해 나갈 수 있다면, 혁신학교나 중학교의 자유학기에 더 적극적으로 시도해 보는 것도 좋다. 한 번 성공을 체험하면 다른 일반학교나 자유학기 이외의 일반학기로 확산되기가 용이하다. 특히 이 책은 자유학기 운영에서 많은 장점을 갖고 있다. 자유학기는 모든 교과가 수행평가 위주로 학생을 평가하다 보니 학생들에게 상당한 평가 부담을 주고 있으며, 이것이 자유학기의 성공적 정착에 걸림돌이 되고 있다. 이 책에서 제시한 전략은 수행평가를 하나로 통합하기 때문에 학생의 부담은 물론 교사의 평가 부담도 현저히 줄일 수 있다.

이 책은 또 혁신학교나 자유학기에서 강조하는 교사학습공동체를 구축하는 조건을 만들어 줄 수 있다. 자유학기는 많은 측면에서 혁신학교를 모델로 삼았으며, 그 결과 이 두 정책은 궁극적으로 추구하는 바에서 공통점이 많다. 혁신학교는 아래로부터의 자발적 혁신 모델이며 자유학기는 위에서 아래로 향하는 학교혁신 모델이다. 이 두 정책이 학교 현장에서 만나면 '줄탁동시'가 될 수 있으며, 우리의 교육과정 통합 모형은 이러한 노력에 효과적인 촉매가 될 것이다. 그동안의 임상적 경험으로 볼 때 수업혁신, 평가혁신, 교사학습공동체 구축 등 학교혁신 과제를 수행함에 있어 이 책이 제시한 통합교육과정 운영 방식은 매우 효과가 있을 것으로 기대된다.

마지막으로 이 책은 (사)충남교육연구소의 연구지원이 없었다면 세상에 나오지 못했을 것이다. 그동안의 도움에 감사드린다. 또 이 프로젝트에 계속 참여해 주신 선생님들과 학생들에게도 깊은 감사의 마음을 전한다.

2017년 6월
저자 일동

차례

| 1장 |

통합교육과정의 개념과 필요성

이 장에서는 교육과정을 통합한다는 것의 의미가 무엇이고, 그것이 왜 중요한지에 대해 다룬다. 또한 일제식 교육 위주의 한국적 교실 상황에서 통합교육과정이 왜 가치가 있는지를 설명한다.

1. 통합교육과정의 개념과 중요성

통합교육과정integrated curriculum은 분절된 지식과 경험을 의미 있는 방식으로 서로 관련지어 가르칠 수 있는 교육과정이다. 즉, 학습자의 전인적 발달을 도모하기 위해 종래의 교과 경계를 허물고, 학습자의 경험과 참여를 중심으로 구성된 교육과정으로, 종국에는 지식과 경험을 통합해 가는 교육 활동을 위해 통합교육과정이 존재한다.

통합교육과정은 교과와 교과, 교과와 경험, 교과와 삶, 지식과 실천 등 학생들에게 제공해야 할 학습 경험 측면에서 필요한 요소들 간의 연계를 통해 설계된 교육과정이다. 그렇기 때문에 통합교육과정은 학생들을 협력시키고, 깊은 이해에 도달하게 하며, 학업성취를 증진시키며, 창조적이고 실천적인 인간으로 성장시키는 데 큰 도움이 된다.

잉그램Ingram은 통합교육과정의 중요성을 8가지로 정리한 바 있다. 이를 요약하면 다음과 같다.이영만, 2002에서 재인용

- **변화에 대비한 교육**
  : 급속한 사회 변화에 따른 문제 해결에 유리

- 학교와 사회의 **통합**

   : 학습과 삶의 분리를 극복

- **개방 교육**

   : 협력 학습을 특별히 강조함으로써 교과들 간 의사소통의 통로를 열어 줄 뿐만 아니라, 교육과정의 설계와 운영에서도 학생들의 참여 보장

- **지식의 유용성**

   : 형식적인 교과별 수업의 이론 지향성을 보완해 주고, 실제 지향성의 교수-학습 과정을 제공

- **행함을 통한 학습**

   : '학습하는 방법의 학습'을 통해 다양한 문제에 대처하는 학습 기회를 제공

- **교육적 실천을 위한 협력**

   : 상호 간에 협동적이고 조화롭게 행동할 가능성이 높아짐

- **개인의 중요성**

   : 고루 발달된 인격에 대한 강조와 학습의 개별화

- 교육 가능성의 향상

  : 교육을 '결과'가 아닌 '과정'으로 보며, 단순히 '내용의 전수'가 아
   니라 '교육 가능성의 향상'으로 간주

통합교육과정은 그것에 내재한 '연계' 자체가 가지고 있는 교육적 힘
뿐만 아니라, 현대사회의 복잡성에 대처하기 위해서도 매우 중요한 교육
의 과업이다.

2. 통합교육과정이 왜 필요한가?

가. 학생의 학습 활동 중복 줄이기

OECD 국가 중 학습 시간이 많고 학생들의 학업 흥미도가 가장 낮은 나라가 한국인 것은 주지의 사실이다. 이러한 문제가 있음을 알고 있는 많은 교사와 학자 그리고 학부모들은 이 현실을 안타깝게 바라보고 있다. 이와 같은 학습 압력이 미래의 희망을 보장하지 못하고 단지 아이들을 억누르고 있음을 알면서도 고착화된 학문적 고집과 자신의 교과에 대한 이해관계를 벗어나지 못하기에 혁신적인 대안을 쉽게 내놓지 못하는 실정이다. 이 문제를 해결하는 데 매우 적합한 형태가 통합교육과정 운영을 통해 중복된 학습 내용과 활동을 줄여 나가는 것이다.

나. 사회생활의 실질적 준비에 도움이 되는 학습

각 학문 영역의 독자성 강화와 다른 학문에 대한 배타성이 결국은 과학에서는 환원주의적 성격으로, 인문학에서는 독단적 주장의 강화로 나타날 수 있다. 이로 인해 시대의 변화를 따라가지 못하고, 종국에는 자기 영역 담쌓기라는 결과로 나타나고 있다. 학문이 실생활과 연관성을 갖지 못하게 되면서, 우리에게는 시험 통과를 위한 학습을 교육인 것으로 여기는 습성이 팽배해졌다. 교육이 진정한 삶과의 연관성을 갖지 못하게 된 것이다. 이렇게 삶과 괴리된 학습에 변화를 주어 학생 자신의 생활과 연관된 통합교육과정을 운영한다면, 우리는 사회생활의 실질적 준비에 도움이 되는 교육을 제공할 수 있다. 이제 학생들을, 듣기만 하는 수동적 주체가 아니라 자기 삶의 주인으로 만들어 주는 교육이 필요하다.

다. 교육 목표의 실질적 달성

통합교육과정을 통한 여러 교사들의 협력, 그리고 이에 따른 수업은 뚜렷한 교육 목표의 일치 없이는 불가능한 과정이다. 이에 통합의 과정은 교사들 간의 의견과 이견을 조정하는 과정을 제공한다. 이러한 과정을 거치면서, 교사들은 각자의 교육 활동이 어떤 교육 목표와 연관성이 있는지 끊임없는 대화에 참여하게 되고, 결국 교육 목표 실현을 실질적으로 달성할 수 있다. 특히 학생들은 통합교육과정을 통해 어떤 현상 또는 추상적인 개념에 대해 하나의 시각만이 아니라 다양한 시각으로 인식할 수 있다. 협력 학습을 기본으로 하는 통합교육과정은 다양한 해결 방식을 종합하는 과정에서 고단계 사고력이라는 목표를 달성하게 하는 효과를 거둔다.

라. 다양한 삶의 가치와 이해

교육과정 통합은 지식과 기술의 인지적 습득을 넘어서 삶에 필요한 다양한 가치에 대한 교육에 유용하다. 특히 통합교육과정이 주제 중심 학습으로 이루어진다면, 학생 자신의 생활과 직접적 관련이 있는 주제를 다룰 수 있다. 이때 정답이 획일적으로 주어지지 않기 때문에, 문제를 단편적인 지식이나 특정 공식으로 쉽게 해결할 수 없다. 이에 학습자의 이전 경험, 관심, 흥미 또는 현재 처해 있는 상황과 직결되는 실제적 성격의 주제가 주어진다면 통합교육과정이 매우 효과적일 수 있다.

마. 복잡한 문제의 해결

앞으로 미래 사회가 당면하게 될 문제들은 한 가지 방식으로 해결되는 경우는 적고 여러 학문적 요소들이 복합적으로 섞여 있는 것이 그 특징이다. 이런 문제를 해결해 나갈 능력을 습득하려면 복합적인 활동과 경험이 반드시 필요하다. 통합교육과정은 이러한 측면에서 분과적 교육과정의 획일성을 극복할 수 있도록 해 준다.

바. 학생 개개인의 자존감 확보

다양한 통합 활동에서 학생은 발표 또는 자료의 수합 등 다양한 역할을 소화하게 된다. 이러한 체험 과정에서 학생은 상당히 높은 자존감을 얻을 수 있다. 이와 같은 참여적 체험은 일제식, 강의식 일변도의 수업에서는 경험할 수 없다. 인간은 사회 속에서 다른 사람들과 관계를 맺고 살아가는 사회적인 동물이면서 자아실현을 위해 노력하는 존재이다. 자아실현을 만족스럽게 성취하려면 먼저 올바른 자아 개념과 자아 정체성, 자기 동일성에 대한 분명한 인식을 확립해야 하는데, 이는 청소년기에 꼭 이루어야 하는 발달 과업이다. 이러한 발달 과업이 성공적으로 이루어지지 않으면 자아 존중감이 부족해지고 대인관계도 원만하지 못하며 학업성취에도 방해를 받게 된다. 그로 인해 자기표현에도 자신이 없어지고 타인과의 관계에서 친밀감을 형성하지 못하고 고립되면, 자기 자신에게만 열중하게 된다. 높은 자아 존중감을 지닌 청소년들은 자기표현 능력, 자기 확신, 인내심, 사회적인 기술, 실용적인 지식 측면에서 바람직한 특성을 보인다. 이에 통합교육과정은 이러한 청소년기의 발달 과업을 달성하기에 매우 유요한 교육 활동의 하나다.

통합된 교육 활동은 다양한 각도와 관점에서 다루어지기 때문에 학생들 각각의 다른 개성을 파악할 수 있다. 그리고 그 과정에서 자신이 하나의 역할을 해냈다는 경험이 스스로를 당당하게 여기도록 만든다. 학생들은 자기 자신의 장점을 통해 공동체에 기여할 수 있는 무엇인가를 찾을 수 있다. 특히 통합교육과정은 강의식 일변도로 유지되고 있는 한국의 중등학교에서는 그 필요성이 더욱 절실하다.

3. 이 시점에 왜 통합교육과정인가?

오늘날 교육적 측면에서 우리 사회가 해결해야 할 과제는 다음과 같다.

첫째 여러 영역을 결합하여 시대적으로 제기되는 다양한 문제를 해결하기 위한 최적의 방법을 찾아야 한다.

둘째 학습자의 사회적·경제적 차이에 의해 발생된 학습 격차를 해소해 가야 한다.

셋째 공동체를 유지·발전시켜 가려면 학습자 개개인의 흥미와 적성에 맞게 능력을 향상시켜 다양한 삶을 영위할 수 있도록 해야 한다.

넷째 학생들이 실질적인 활동 경험을 통해 민주적이고 실천적이며, 책임 있는 시민이 되도록 해야 한다.

다섯째 세계화된 지구촌 사회에서 조화롭게 살아갈 수 있는 힘과 빈곤 해결, 평화, 인권 신장, 생태 환경 등에 기여할 수 있는 글로벌 시민성을 길러야 한다.

이러한 당면 과제를 풀어 나가려면 우리의 모든 역량을 모아야 하는데, 현재와 같은 단선적이고 분과적인 교육과정으로는 이 문제를 해결할 수 없다. 그런 측면에서 통합교육과정은 정부, 지역사회, 교사, 학생, 학부모, 시민 모두가 바라는 교육의 목표를 포함하여, 오늘날 당면한 현실적 과제를 실현할 수 있는 최선의 방법이라 할 수 있다.

　교육은 교사와 학생이 만나 학습이 이루어지는 것을 의미한다. 이러한 교육의 내용과 형태는 시대의 변화에 따라 나타나는 여러 문제를 슬기롭게 해결하기 위해 다양한 양태로 변화해 왔다. 근대 이후 한국의 교육도 새로운 시대적 요구에 맞추어 변화를 요구받아 왔다. 그런데 산업사회의 요구에 맞게 형성된 제도, 교육과정, 수업, 평가제도 등은 4차 산업혁명 시대에 접어들어 더 이상 현실적 문제를 해결하기 어려우므로 새로운 방향 전환이 요구되고 있다.

　이러한 시대적 과제를 해결하기 위해서는 기존의 교육적 패러다임을 변화시켜야 한다. 하지만 구체적으로 무엇을 어떻게 바꾸어야 할 것인지에 대한 실질적인 논의는 미흡한 실정이다. 이제 교육적 패러다임의 전환을 이루기 위해 교육과정, 수업, 평가의 측면에서 실현해 갈 것을 확정하고, 이에 대해 구체적인 방법적 접근이 이루어져야 한다.

　그러한 구체적인 방법의 하나로 제기된 것이 통합교육과정이다. 이는 학생들의 학습을 개선하고 학생들의 학습 능력을 향상시키기 위해 지금까지 알려진 것 가운데 매우 유용한 방법이다. 학생 개개인의 자율성을 바탕으로 적성과 흥미를 적절하게 충족시킬 수 있는 최선의 길이 통합교육과정 운영이다. 통합교육과정이 운영되는 교실이 강의 일변도 수업과 어떤 면에서 다른지를 정리하면 〈그림 1-1〉과 같다.

강의 일변도 교실	통합교육과정 운영 교실
교사는 말하고, 학생은 듣기만 한다.	학생들이 참여하고 협력한다.
한 명의 교사가 30~40명의 학생에게 강의한다.	교사-학생 사이의 대화, 학생-학생 사이의 협력이 있다.
자신만의 교과만 강의한다.	교과와 교과, 주제와 주제, 학교 안과 밖이 통합된다.
사고는 단편적이고, 피상적으로 이루어진다.	문제 해결에 필수적인 교과목이 통합되어, 고단계 사고력이 신장된다.
학생들은 교사가 예상하는 행동에 순응하도록 기대된다.	학생들은 책임감 있고, 스스로 학습할 수 있기 때문에 자신감이 고취된다.

〈그림 1-1〉 강의 일변도 교실과 통합교육과정 운영 교실 비교(SCANS, 1991)

지금까지의 학교 교육은 일정한 연령대의 아이들이 한 교실에서 국가가 제시한 교육과정에 따라 만들어진 교과서를 교사가 지역사회의 상황, 학교의 여건, 개개인의 적성과 흥미를 크게 고려하지 않은 채 일방적으로 운영하고 있다. 물론 반드시 알아야 할 기초적인 지식이나 습득해야 할 기능과 태도는 있어야 한다. 그러나 학생들의 다양한 사회적·개인적 요구도 시대의 변화에 따라 수용할 필요가 있다. 그래야 교육의 목적이 온전하게 달성될 수 있기 때문이다. 그런 측면에서 통합교육과정의 운영이 필요한 것이다.

물론 통합교육과정을 운영한다고 해서 지금보다 더 편하다는 것을 의미하지는 않는다. 오히려 교사들은 더 힘들고 더 많은 비용이 들 것이며, 더 많은 시간을 학습 활동에 부여해야 할지도 모른다. 하지만 지역이나 학생들의 상황을 고려하고, 문제 해결을 바탕으로 학생의 흥미와 적성을 반영하여 학습 활동이 이루어지기 때문에, 수동적인 학습에서보다 더 많은 것을 능동적으로 배우게 된다. 경험을 강조하는 수업은 높은 참여를 유도하고, 단순 지식을 넘어 가치와 태도의 형성까지 나아가게 한다. 이는 2장에서 살펴볼 지식과 기능이 인성으로 통합될 수 있도록 교육과정을 재구성하는 원리와 일맥상통한다. 학생의 성취도와 참여도, 만족감을 높이는 데는 능동적인 학습 태도가 매우 중요하기 때문이다.

아울러 오늘날 학생들은 민주주의 사회에서 개인적인 욕망 실현에만 충실한 사람이 아니라 책임감 있는 태도로 타인과 갈등을 해결하면서 더불어 조화롭게 살아가는 방법을 익혀야 한다. 이를 위해서는 현실 문제를 중심으로 다양한 의견을 나누면서 해결 방법을 함께 찾아가는 노력을 하도록 도와주어야 한다. 통합교육과정은 이런 측면에서도 매우 유용하다.

이처럼 통합교육과정을 통해 지식, 기능, 인성이 잘 조화된 인간으로 성장하는 학생들은 주체적으로 학습과정에 참여함으로써 주어진 문제를 해결하고 통합적 사고력을 신장시킬 수 있다. 이러한 수업이 진행되면 교사 역시 가르침의 보람을 느낄 수 있다. 이에 대해서는 2장에서 더 자세히 설명할 것이며, 4장에서 보다 구체적인 전략을 중심으로 소개할 것이다. 교사들이 일제식 수업 관행에서 벗어나는 데 가장 효과적인 방법은 통합교육과정 활동과 그 안에서 일어나는 협력 학습의 효과를 직접 느껴 보는 것이다.

| 2장 |

통합교육과정의 유형과 특징

이 장에서는 교육과정을 통합하는 활동의 유형과 그 특징에 대해 살펴본다. 통합교육과정의 유형은 학자마다 매우 다르게 제시하고 있기 때문에 한 가지 구분 방식만을 고집하기 어렵다. 대체로 통합교육과정에는 기본 3유형이 있다. 이 장에서는 이에 대해 알아본 다음, 바실 번스타인(Basil Bernstein)의 논의에 따라 교과 간, 교과 내 구분 방식에 대해서도 알아볼 것이다. 끝으로 지식과 기능을 인성으로 통합하는 교육 성취의 통합에 대해 살펴본다.

1. 통합교육과정의 기본 3유형

통합교육과정은 교육 내용 또는 공통 기능을 서로 연결 짓는 것이다. 다양한 통합의 관점이 존재하지만 보통 지식, 주제, 기능, 쟁점 등이 통합의 대상이 된다.

- **지식 통합**

  : 두 개 또는 그 이상의 교과 지식(내용)을 통합

- **주제 통합**

  : 두 개 또는 그 이상의 교과(또는 삶)에서 공통 주제를 통합

- **기능 통합**

  : 두 개 또는 그 이상의 교과(또는 삶)에서 공통 기능 및 태도를 통합

- **쟁점 통합**

  : 사회적 쟁점과 문제들을 조사하는 활동을 통합

이렇듯 통합교육과정은 무엇을 중심으로 통합시키는가, 얼마나 교과 사이의 경계를 약화시키는가 정도에 따라 다양한 유형으로 분류된다. 가장 일반적인 구분은 드레이크와 번스Drake & Burns, 2004에 따른 것인데, 이들은 연계의 방식과 정도를 중심으로 세 가지의 기본 범주를 제시했다. 다학문적 통합, 간학문적 통합, 탈학문적 통합이 그것이다. 이를 간단히 요약하면 다음과 같다.

- **다학문적 통합**

  : 하나의 '주제'를 중심으로 여러 교과(즉, 다학문)의 내용을 통합

- **간학문적 통합**

  : 학문 사이의 공통 학습 요소(주로 기능, 능력)를 중심으로 통합

- **초학문적 통합**

  : 학생의 '관심사'를 중심으로 하여 학문의 경계를 초월한 통합

이상에서 설명한 세 가지 교육과정 통합 방식을 비교하면 〈표 2-1〉과 같다.

통합교육과정의 기본 3유형을 좀 더 자세히 살펴보면, 첫째, 다학문적 접근은 주제를 중심으로 교과를 통합하는 방식을 말한다. 통합의 대상은 교과 지식이 되기도 하고, 기능과 태도가 될 수도 있다. 다학문적 접근에서 한 교과 영역 내의 하위 학문 분야를 통합하는 것을 학문 '내' 접근 방법이라고 한다. 쉬운 예로 사회과에서 역사, 지리, 경제, 정치 분

<표 2-1> 통합에 대한 세 가지 접근 방안

	다학문적	간학문적	초학문적
조직하는 중점	• 어떤 주제를 중심으로 한 교과들의 기준(standards)	• 각 교과에 깃들어 있는 간학문적인 기능과 개념	• 실생활 맥락 • 학생의 질문
지식에 대한 구상	• 지식은 학문 분야의 구조를 통해 가장 잘 학습된다. • 정답 • 하나의 진리	• 공통된 개념과 기능을 통한 학문 분야의 연결 • 지식은 사회적으로 구성된다. • 맞는 답이 많다.	• 모든 지식은 서로 연결되어 있고 상호 의존하고 있다. • 맞는 답이 많다. • 지식은 확정되지 않고 모호한 것으로 간주된다.
학문 분야의 역할	• 학문 분야의 절차가 가장 중요한 것으로 간주 • 가르친 학문 분야에 해당하는 명확한 기능과 개념	• 간학문적인 기능과 개념을 강조	• 필요하다면 학문 분야를 밝혀 준다. 그러나 실생활이 더 강조된다.
교사의 역할	• 촉진자 • 전문가	• 촉진자 • 전공자·만능 교사(갖가지 지식과 기능이 있는 교사)	• 공동 계획자 • 공동 학습자 • 만능 교사·전공자
출발점	• 학문 분야의 표준 요소와 절차	• 간학문적인 다리 • 지식·기능·인성	• 학생의 질문과 관심사 • 현실 세계의 맥락
통합의 정도	• 보통	• 중간·강	• 패러다임의 전환
평가	• 학문 분야 기반	• 간학문적 기능·개념 강조	• 간학문적 기능·개념 강조
지식	• 여러 학문 분야에 걸친 개념과 본질적인 이해 요소	• 여러 학문 분야에 걸친 개념과 본질적 이해 요소	• 여러 학문 분야에 걸친 개념과 본질적 이해 요소
기능	• 학문 분야의 기능이 초점 • 간학문적 기능도 역시 포함	• 간학문적 기능이 초점 • 학문 분야의 기능도 역시 포함	• 간학문적 기능과 학문 분야의 기능을 실생활 맥락에서 적용
인성	• 민주적 가치 • 정신(마음)의 습관	• 인성(품성) 교육 • 생활 기능(보기: 팀워크, 자기 책임)	
계획 과정	• 역행 설계(backward design) • 수업-교육과정 기준-평가를 서로 일관성 있게 맞추기	• 교육과정 기준(standards)에 기반	
수업	• 구성주의적 접근 • 경험학습 • 학생의 선택	• 탐구 • 개인의 적실성 • 맞춤형 수업	
평가	• 전통적인 평가와 참평가의 균형 • 가르친 학문 분야들을 통합하는 활동을 통해 평가함		

출처: Drake & Burns(2004), p. 17. 번역은 박영무 외(2006) 참조.

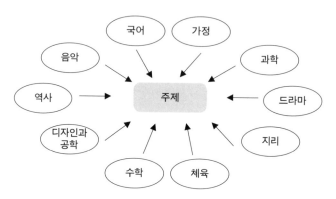

〈그림 2-1〉 다학문적 통합

출처: Drake & Burns(2004), p. 9.

〈그림 2-2〉 간학문적 통합

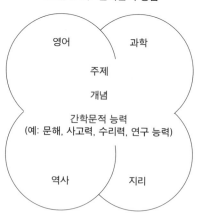

출처: Drake & Burns(2004), p. 12.

야를 통합하여 교육과정을 만들면, '사회과 학문 내 접근'이라 부를 수 있다. 또 서로 다른 교과 사이에서 공통의 기능과 지식, 태도 등을 융합하여 통합교육과정을 개발하기도 한다.

둘째, 간학문적 통합은 몇 가지 학문 분야에 걸친 '공통학습'을 중심으로 하여 교육과정을 조직하는 방법이다. 다학문적 접근보다는 간학문적 접근에서 개별 교과의 경계가 조금 더 완화된다. 그래서 학문 또는 교과 사이에서 공통적으로 중요한 기능(예: 문해, 사고력, 수리력, 탐구 등)을 중심으로 통합된다. 여전히 교과의 독립성이 남아 있으나, 다학문적 접근에 비해 통합적인 활동(예: 공연하기, 제작하기, 연구하기) 자체가 비교적 더 강조된다고 볼 수 있다.

셋째, 통합에 대한 초학문적인 접근 방법은 학생의 질문과 관심사를 중심으로 하여 교육과정을 통합하는 것을 말한다. 초학문적 접근으로서

〈그림 2-3〉 초학문적 통합

출처: Drake & Burns(2004), p. 14.

가장 일반적인 것은 프로젝트 학습이다. 프로젝트 중심 통합교육과정에서 중요한 것은 학생들이 협력하여 창조할 수 있는 연구 과제, 예술작품, 보고서 등 탐구 결과물이 무엇인지 명시해 주는 것이다. 이 과정에서는 특정 교과의 지식은 문제 해결 과정에서 통합되고 교과 사이의 경계는 허물어진다. 초학문적 접근이 모든 수업에서 다루어져야 하는 것은 아니지만, 교과 일변도의 학교 현실을 고려할 때 유용한 효과를 얻을 수 있다.

이 책에서 제시하는 통합교육과정 모형은 이 중에서 다학문적 접근과 간학문적 접근 사이에 존재한다. 그렇다고 해서 초학문적 접근이 덜 중요하다는 것은 아니다. 초학문적 접근 자체도 프로젝트 학습을 통해서 많은 학교와 교실에서 운영될 필요가 있다. 다만 이 책은 교과 일변도 교육 관행이 지나치게 강고한 한국의 교육 현실을 극복하기 위해 편의성이 높으면서도 효과적인 모형을 제시하려는 목적을 가지고 있다. 이에 우리는 수행평가를 중심으로 교육과정을 통합하는 방식을 보여 줄 것이다. 이 모형은 각자의 학교에서 활용되는 방식에 따라 그 성격이 조금씩 달라질 수 있을 것이다. 그렇지만 이 책에서는 수행평가 과제를 중심으로 교육과정을 통합하고 있기 때문에 성취해야 할 기능, 능력, 태도가 통합되고 있다는 측면에서 간학문적 특성을 강조한다.

2. 교과 간 통합과 교과 내 통합[1]

가. 교육 활동의 코드

통합교육과정은 통합의 대상에 따라 다양한 유형으로 구분된다. 교육과정에서 그 구성 부분 사이의 단절은 ① 교과와 교과, ② 지식-기능-태도, ③ 학교 안과 학교 밖, ④ 주제와 주제 사이에서 발생한다고 볼 수 있다. 어떤 교사가 교육과정을 통합적으로 재구성한다 함은 이러한 경계를 약화시키고, 서로를 유기적으로 결합하여 가르친다는 것을 의미한다.

또한 교과에서의 성취는 물론 협동심과 민주주의의 생활 태도를 길러 주며, 인지, 정서, 신체의 균형적 성장을 의미하는 전인교육을 위한 것이다. 부수적으로는 학생들의 학교생활 적응과 만족감을 높일 수 있다.[Beane, 1991] 그 이유는 바로 '통합'을 통해 얻을 수 있는 교육적 효과 때문이다. 다음에서 보는 바와 같이, 이러한 통합은 크게 교과 간 통합과 교과 내 통합으로 나누어 볼 수 있다.

---

1. 이 논의는 성열관(2012), 「교수적 실천의 유형학 탐색: Basil Bernstein의 교육과정 사회학 관점」, 『교육과정연구』 30(3): 71-97에 기초했음을 밝힌다.

이 절에서의 논의는 영국의 저명한 교육과정 사회학자인 번스타인의 코드 이론으로 이루어질 것이다. 코드란 분류화classification와 프레이밍 framing에 따른 교육 활동의 성격을 말한다. 분류화란 주어진 범주들 사이의 경계가 얼마나 강하게 유지되는가(절연 정도)를 말한다. 이때 범주는 교육과정(예: 국어, 수학, 역사 사이)이나 교육 주체(예: 교사 또는 학생)에 해당한다.

분류화가 강하다 함은 범주들 간의 구분이 강해지는 것이다. 그래서 강한 분류화(C++)는 교과 사이의 경계가 강하거나 교사-학생, 학생-학생 사이의 절연이 강함을 나타내는 코드이다. 한편 프레이밍은 범주들 사이(예: 교사 또는 학생)의 의사소통 방식이 얼마나 일방적인가를 말해 주는 코드이다. 그래서 강한 프레이밍(F++)의 수업은 교사가 일방적으로 통제하는 수업이다. 반면 교육이 통합적으로 운영된다면 교육의 분류화 와 프레이밍 값이 모두 약한 수업으로 나타난다. 이를 요약하면 〈그림 2-4〉와 같다.

〈그림 2-4〉 통합적 코드와 컬렉션 코드

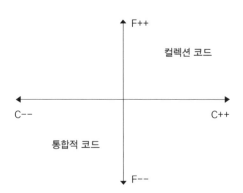

번스타인에 따르면, C값(절연 정도)과 F값(일방성 정도)의 조합에 따른 교육 활동의 특징은 컬렉션 코드와 통합적 코드로 나뉠 수 있다. 이를 구분하여 그 특징을 살펴보면 다음과 같다.

- **통합적 코드**

  교과 간 또는 교과 내 교육과정이 서로 통합되고, 수업에서는 일방성이 약하다. 즉, 교사와 학생, 학생과 학생 사이의 대화가 활성화되어 있고 협력이 일어난다. 평가에서는 정답이 열려 있고, 학생들이 수행 위주의 평가에 잘 대응하기 위해서는 능력 발휘가 중요하다.

- **컬렉션 코드**

  교과 간 또는 교과 내 교육과정 사이에 절연이 강하다. 이에 수업에서도 일방성이 강하다. 즉, 교사와 학생, 학생과 학생 사이의 대화가 거의 없다. 평가에서는 정답이 정해져 있고, 학생들이 시험을 잘 보기 위해서는 지식의 암기가 중요하다.

이러한 교육 활동의 코드는 교과 간 또는 교과 내의 통합 정도에 따라 다르게 나타난다. 이에 대해서는 다음에서 살펴보자.

나. 교과 간 통합

교육과정은 교과와 비교과로 이루어져 있고, 대부분의 시간은 교과로

되어 있다. 이 교과들 사이의 경계가 얼마나 절연되어 있는가는 분류화 정도에 대해 말해 준다. 교육과정이 교과 간으로 통합된다 함은 교과 간의 절연을 극복하고 다양한 학문 영역 사이의 주제, 개념, 제재 사이의 연계를 시도하는 교과 통합적인 교육과정을 의미한다. 어떤 교사가 통합 교육과정을 구현하고자 노력한다면 그 교사는 통합적 코드를 갖고 있다고 생각할 수 있다.

위에서 살펴본 바와 같이 '교과 간' 통합교육과정의 유형을 구분하는 틀로 '다학문적' 통합, '간학문적' 통합, '초학문적' 통합이 있다. 이들 간의 본질적인 차이는 교과 영역 사이에 존재하는 분리의 정도에 따른 것이다.^{Drake & Burns, 2004} 그러므로 어떤 교사가 교육과정에서 교과 간 분리를 극복하려고 한다면 통합적 성격이 강한 교육적 정체성을 가진다.

이와 같이 교사는 일방적 교육과정 전수자 또는 교육과정 통합 전문가 등 다양한 정체성을 갖게 된다. 대부분 교사들의 교수적 실천 양식은 이 양극단의 중간 또는 그 사이 어딘가에 놓일 것이다. 그러나 교과 간 교육과정 통합을 보다 적극적으로 실천하는 유형의 교사들은 약한 분류화(C-)를 추구하는 것으로 볼 수 있다.

그러므로 교과 간 분류화 정도에 따라 교육과정의 특징은 다음과 같이 정리될 수 있다.

• **강한 분류화(C+)**

교육과정에서 분류화가 강하면 대체로 분과 중심 교육과정 (subject-based curriculum)으로 나타난다. 이는 교육과정에서 그 구성 부분 사이의 절연이 강하다는 것으로 교과와 교과 간의 연계가 없을 뿐만 아니라 교사들의 대화 속에도 통합에 대한 내용이 포함되지 않음을 말한다.

- 약한 분류화(C-)

교육과정에서 분류화가 약하면 통합교육과정의 특징이 보다 많이 구현된다. 이는 교육과정의 구성 부분 사이의 경계가 약하다는 것으로 교과와 교과가 다양한 방식으로 통합되어 수업으로 표현됨을 의미한다.

이처럼 통합교육과정은 수업과 평가 사이에 긴밀한 관련성이 있다.Shepard, 2000 통합교육과정은 교수 방법에서 구성주의적 접근, 학생(아동) 중심 수업, 경험 중심 교육, 학생의 참여 등 진보주의적 교육을 강조하는 경향이 강하며, 평가에서도 참평가, 수행평가를 상대적으로 강조하는 경향이 높다.Wiggins & McTighe, 1998 이에 대해서는 특히 4장에서 더 구체적으로 다룰 것이다.

다. 교과 내 통합

교과 간 통합뿐 아니라 교사들은 한 교과 내에서도 통합을 위한 노력을 기울일 수 있다. 예를 들어 한 교과 내에서 지식, 탐구, 사회에의 기여 과정을 통합하는 참교육과정authentic curriculum은 교과 내 통합으로 이해될 수 있다. 이러한 교육과정은 약한 분류화 사례일 것이다. 그 이유는

한 교과 내에서라도 학습과 삶의 세계를 연계하고 있기 때문이다. 학생들은 교실 세계를 넘어서 실제 사회의 이슈를 파악하고, 그 문제에 대한 해결책을 모색해야 한다. 반면 통합되지 않은 교과 수업은 주로 지식 전수 및 습득 수준에 머무르게 된다.

통합교육과정을 지지하는 교육학자들Beane, 1991; Jacobs, 1989; Drake & Burns, 2004은 이러한 교육과정이 보다 평등한 성취를 높이는 경향이 있다고 보고한다. 평등한 성취에 대한 추구는 계층 차이에 의해 나타나는 학업성취의 격차를 없애고, 줄이는 노력으로 볼 수 있다. 오늘날 학습에 참여하지 않는 학생들이 증가하는 교실 상황에서 교육과정은 학생들의 다양한 요구에 부응해야만 한다. 실제 세계의 경험과 학습을 연결하는 것은 이러한 노력의 하나이다. 그래서 참교육과정 학자들은 교육의 성과로서 모든 학생들이 달성할 수 있는 성취는 학문적, 직업적 또는 응용 기술 분야의 지식, 개념, 관점을 잘 알고, 이를 잘 활용할 수 있어야 함을 강조한다. 이를 위해서는 교실과 학교를 넘어선 공간, 즉 사회에서 중요성을 띤 이슈, 문제, 질문을 이해하고, 배운 것을 활용해서 자신과 사회를 위한 창조적 활동으로 통합시킬 수 있어야 한다.

통합교육과정에서는 특히 잘 배웠다는 것을 증명하는 방법으로, 얼마나 공동체에 기여할 수 있는가, 얼마나 사회적 의미와 연관시킬 수 있는가를 강조한다. 이는 외워야 할 것의 습득에 머무르는 교육 활동을 넘어 교과 내에서 '지식+탐구+실천' 활동을 교과 내적으로 통합하고자 하는 노력으로 해석할 수 있다. 반면 일제식 수업에서는 주로 지식의 습득에서 교육 활동이 종료되는 경우가 많다.

그러므로 교과 내 분류화 정도에 따라 교육 활동의 코드를 구분하면 다음과 같이 정리될 수 있다.

- **강한 분류화(C+)**

  교육과정에서 교과 내 분류화가 강하면 교과는 주로 지식 전수 및 습득 수준에 머무르게 된다. 이렇게 되면 외워야 하는 것과 그것을 통해 탐구해야 하는 것, 그리고 이를 통해 사회적으로 실천해야 하는 것 사이에 절연이 일어난다. 이때 삶과 교과 사이의 분류화도 강해진다.

- **약한 분류화(C-)**

  교육과정에서 교과 내 분류화가 약하면 '지식+탐구+실천'이 체계적으로 통합된 수업이 가능함을 의미한다. 이를 통해 학생들은 스스로 탐구하고, 그 결과를 가지고 공동체에 기여하는 학습 활동에 참여할 수 있다. 이때 삶과 교과 사이의 분류화는 약해진다.

지금까지 논의는 교육과정이 교육 목표와 가치를 중심으로 한 주제로 통합될 필요가 있음을 말해 준다. 통합교육과정은 기본적으로 교과 간, 교과 내에서 모두 통합될 수 있도록 주의를 기울여야 하지만, 일차적으로는 교과 사이의 경계를 넘어서는 교육과정을 설계하는 것이다. 번스타인의 관점에 따르면, 통합교육과정은 교육과정 자체를 넘어 수업과 평가 역시 통합되어야 함을 시사한다.

이러한 시사점을 중시하여, 이 책에서는 공통 수행평가 활동을 중심으로 2개 이상의 교과가 통합될 수 있는 전략과 방법을 제공하고자 했다(이에 대해서는 4장 참조). 그래서 교과 간 절연과 수업에서의 일방성을 완화하고, 교육과정과 수업이 평가 활동과 유기적으로 결합되게 하는 교육과정 통합 활동을 제안하는 것이다. 이러한 활동을 통해 실질적인 교육 활동이 현실적인 삶과 연결되면, 학생들은 주어진 문제 해결을 위해 실천해야 하기 때문에 자연스럽게 참여도가 높아지고, 그 결과 학습 능력 또한 향상될 수 있다.

3. 교육 성취의 통합

　통합교육과정은 '잘 교육받은 인간'을 기를 수 있는가? 이 절은 이 질문에 대답하기 위해 달성하고자 하는 교육 목표의 통합, 즉 교육 성취로서의 지식-기능-인성 통합의 중요성에 대해 논의해 보고자 한다. 지식 위주의 교육은 학생들이 어떻게 세상을 살아가기를 바라는가에 대한 관점이 없다. 즉 '잘 교육받은 인간'은 지식과 기능이 탁월한 자로 생각해 온 경향이 있다.

　이에 반해 드레이크와 번스Drake & Burns, 2004는 기존의 지식·기능·태도의 측면에서 교육 목표를 보아 온 관행을 교육의 본령 측면에서 보다 발전시켜, 지식·기능·인성Know/Do/Be의 통합적 틀을 구안했다. 이러한 틀은 특히 교육과정을 통합하는 과정에서 '잘 교육받은 인간'에 대한 상을 잃지 않도록 해 주는 장점이 있다.

　드레이크와 번스는 다음과 같이 지식, 기능, 인성에 대한 기본적인 질문을 던지고 있다.

- 학생들이 알아야 할 가장 중요한 것은 무엇인가?

- 학생들이 할 수 있어야 하는 가장 중요한 것이 무엇인가?
- 학생들이 어떤 종류의 인성을 갖추기를 우리는 바라는가?

드레이크와 번스는 이상의 질문에 대해 "지식은 기능에 통합되고, 이는 다시 인성에 통합되어야만 잘 교육받은 인간으로 성장할 수 있다"라고 말했다.

첫째, 지식은 이 기본 틀에서 가장 아래에 해당하는 범주이며, 사실·토픽·개념을 아는 것과 관련된다. 또 이를 일반화할 수 있거나 혹은 학교에서 배운 것을 지속가능한 이해의 형태로 간직할 수 있는 능력을 말한다. 지식은 지필고사 등 표준화 시험을 통해 측정이 용이하다는 특징이 있다.

둘째, 기능은 지식을 가지고 의사소통, 종합, 평가, 분석 등 비교적 높은 수준의 능력을 발휘하는 것을 말한다. 기능은 지식보다는 측정이 어렵지만, 학생들이 수행을 통해 문제를 해결하는 과정에서 그 능력에 대한 측정이 가능하다.

셋째, 인성은 학생들이 보여 주기를 기대하는 태도, 신념, 행동과 관련된다. 인성은 본질적으로 가치의 영역에서 존재하기 때문에, 측정이 용이하지 않으나, 배운 것을 사회적으로 유용하고 가치 있게 실천하는가를 통해 평가할 수 있다.

이상의 논의에 따른 '지식·기능·인성' 기본 틀은 〈그림 2-5〉와 같다.

이 모델은 교사들이 "학생들이 무엇을 알고 행하며, 어떤 사람이 되기를 원하는가?"라는 질문에 늘 대답할 준비를 하도록 만든다. 그리고

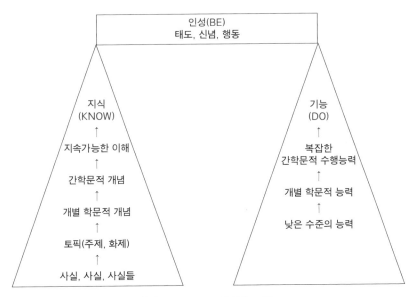

출처: Drake & Burns(2004), p. 50.

아는 것과 할 수 있어야 하는 것은 결국 어떤 사람이 되어야 하는가로 귀결시킨다. 이러한 주장은 교육과정 통합이 단지 인지적 효과에 머무르지 않고 교육의 본령을 추구하는 교육철학적 수준에서 논의되어야 함을 일깨워 준다.

이러한 논의는 제4장에 나오는 교육과정 통합 활동의 원칙을 수립하는 데 있어 그 토대가 된다. 즉 교육과정 통합은 지식, 기능, 인성이 조화된 잘 교육받은 인간 키우기라는 교육을 위한 활동임을 잊지 말아야 한다.

| 3장 |

통합교육과정 운영 원리

이 장에서는 교육과정의 통합 원리를 제시하고자 한다. 1장과 2장에서 살펴본 것처럼 교육과정 통합은 '지식, 기능, 인성이 조화된 잘 교육받은 인간'을 키우기 위한 교육 활동이다. 그렇지만 많은 학교의 교사와 관리자들은 '과연 통합교육이 이러한 역할을 충분히 할 수 있을까?'라는 의구심을 갖고 있다. 특히 교과 간 단절이 높고 교육과정 운영에 분류화가 강한 중고등학교에서는 통합교육에 대한 의구심이 초등학교보다 더 크다. 이러한 의구심은 교육과정 운영에 대한 잘못된 인식에서 나타난 현상이며, 인식의 전환과 실천이 있다면 충분히 극복 가능한 것임을 이 장에서 살펴보고자 한다.

1. 통합교육과정에 대한 의구심

교육과정 통합에 대해 많은 교사들이 "지금 아이들과 소통하며 가르치는 일도 힘든데 어떻게 다른 과목과 결합하여 가르치라고 하는가?", "내 수업 시간에 다른 교과 선생님과 함께 들어가 가르치는 일이 어렵다"라는 말을 한다. 그렇지만 이는 상당 부분 교육과정 통합 활동에 대한 이해 부족에서 비롯된 것이다. 기본적으로 통합교육과정은 효율성과 창조성을 토대로 이루어진다. 그리고 개별 교과 지식을 바탕으로 공통 주제의 공유를 통해 학생들 스스로 지식 통합을 이루어, 주어진 과제를 해결해 나간다는 원리에 기초를 두고 있다. 그러므로 통합교육과정에 대해 충분히 이해하고 나면 오히려 교육과정 통합 활동에 큰 매력을 느낄 것이다. 교육과정 통합 활동이 궁극적으로 학생들의 학습을 개선하고, 좀 더 향상시킬 수 있기 때문이다. 즉 지식, 기능, 인성이 잘 조화된 인간을 기르는 데 보다 효과적이다.

물론 통합을 이루어 나가는 과정에서 소통과 진행의 어려움이 있을 수 있다. 그러나 일단 교육과정의 통합이 진행되면, 학습 전이 효과로 만족할 만한 활동의 결과를 얻을 수 있다. 예를 들어 국어 시간에 '보고서 쓰기를 제대로 배울 수 있다'라는 학습 목표를 이루고자 할 경우를 보자. 보고서를 쓰는 형식을 배우고 이를 바탕으로 한 편의 보고서를 작성하게 하려면, 그 내용을 채우는 일부터 시작해 많은 부분이 국어 시간에만 하기가 어렵다. 그런데 과학이나 사회와 결합하여 통합된 활동을 실시하면 보고서 내용을 과학이나 사회 시간의 학습 활동으로 채울 수 있기에 국어 시간의 학습 부담은 훨씬 줄어들게 된다. 더불어 학생들은 학습한 내용으로 보고서 내용을 채울 수 있어 높은 수준의 보고서를 제출할 수 있다.

교육과정 통합 활동을 하게 되면 진행에서의 어려움을 상쇄하고도 남을 정도로 많은 교사들이 주어진 시간에 충분히 개별 교과의 학습 목표를 이룰 수 있다. 그리고 학생들의 성취도가 향상되기에 충분히 해 볼 만한 교육 활동이다. 그러나 아직도 많은 교사들이 (특히 중등에서) 자신이 전공한 개별 교과목의 지식을 가르치는 데에 익숙하기 때문에 선뜻 시도하기를 꺼려 하고 어렵게 생각한다. 이 장에서는 이러한 거리감과 어려움을 털어 내고 쉽게 통합 활동에 접근할 수 있는 답을 찾아보고자 한다. 교육과정 통합의 전략과 방법을 익히면, 누구나 쉽게 교육과정 통합 활동에 접근할 수 있다.

2. 물음으로 살펴보는
통합교육과정의 통합 활동 원리

가. 교육과정 통합 활동으로 각 교과목의 성취기준을 달성할 수 있는가?

통합교육과정에 대한 오해 가운데 하나는 교육과정을 통합한 활동이 국가수준 교육과정이나 학교 교육과정을 무력화한다는 생각이다. 이는 잘못된 인식이다. 통합교육과정은 오히려 기존의 교육과정을 좀 더 의미 있게 조정하고 이를 반영하여 실제적으로 제시된 교육과정을 보다 효율적으로 구현한다. 현 교육과정의 문제는 지식의 급속한 증가로 각 교과목에 너무나 많은 내용들이 서로 중복되어 있다는 것이다. 각 교과목의 중복된 학습은 학습 관심도를 낮춘다. 관심도 저하는 곧바로 학습 능력 저하로 나타날 수 있다. 정부 차원에서 이런 문제를 조금이라도 해소하기 위해 노력해 왔으나, 여전히 학습 부담은 줄지 않았다. 습득해야 할 지식이 많기 때문에 어쩔 수 없는 일이라고 하지만, 이런 문제가 발생한 근본적인 원인은 지식의 통합을 이루지 못한 채 학문 이기주의에 발목을 잡혀 지나치게 많은 내용을 전수하는 데 있다.

〈표 3-1〉의 기술·가정과 도덕과 학습 내용(성취기준)은 이러한 문제점

<표 3-1> 기술·가정과와 도덕과 성취기준

- 가 -	- 나 -
(7) 청소년 문화와 윤리 청소년 문화를 바라보는 다양한 시각들을 이해하고, 미디어 환경을 중심으로 청소년 문화 형성에 영향을 미치는 환경 요인을 분석한다. 또한 인터넷 문화, 학교 문화, 여가 문화 등을 포함한 청소년 문화를 윤리적인 관점에서 평가해 봄으로써 청소년기를 보다 의미 있게 보낼 수 있는 방안을 제시한다.	(1) 청소년의 이해 청소년기의 신체적, 인지적, 정서·사회적 발달 특성을 이해하여 자신의 행동 특성을 객관적으로 파악할 수 있으며, 자아 존중감을 바탕으로 건강한 자아 정체성을 형성한다.

을 잘 보여 준다.

이 두 개는 기술·가정 과목과 도덕 과목의 학습 내용이다. 어느 것이 기술·가정의 내용이고 어느 것이 도덕의 내용인지 구별할 수 있을까? 쉽지 않을 것이다. (가)는 도덕 교과의 성취기준이고 (나)는 기술·가정 교과의 성취기준이다. 이렇게 중복되는 내용을 그저 주입식 설명으로만 학습하게 되면 오히려 학습자는 실질적으로 학습 내용을 내면화하기 어렵다. 학교 현장에서 학생들의 실질적인 학습 능력을 높이려면 교육과정을 통합하여 협력 활동을 해야 한다.

예를 들어 위 성취기준을 가지고 학습할 때, 두 개의 교과가 결합하여 학생들이 실질적으로 어떤 청소년 문화를 갖고 있는지, 그것이 자신들에게 어떤 영향을 주고 있는지 조사하여 발표하게 하고 토론을 한다고 생각해 보자. 그러면 청소년기의 문화나 자아 정체성을 익히는 데 훨씬 좋을 것이다. 그렇게 학습 활동을 전개하면 오히려 각 과목의 성취기준을 보다 효율적으로 달성할 수 있고, 지식과 기능, 인성이 잘 조화된 이상적인 학습이 이루어질 수 있다.

물론 이를 위해서는 다음처럼 같은 학년에 편성된 과목끼리, 서로의 교육과정에 대해 충분히 이해를 하고, 유사한 학습 내용을 하나로 묶어 함께 할 학습 활동의 조건을 갖추어야 한다.

① 같은 학년에 편성된 과목이 통합하기 좋다.
② 사전에 통합하고자 하는 과목의 교육과정에 대한 충분한 상호 이해가 있어야 한다.
③ 교육과정 통합을 이루려는 과목에 공통적인 학습 내용이나 성취기준이 필요하다.
④ 평가가 가능한 공통된 협력적 활동을 준비해야 한다.

나. 통합교육과정이 학생들의 학습 능력을 실질적으로 향상시키는가?

통합교육과정이 학생들의 학습 능력 향상에 효과가 있다는 것은 외국의 사례와 지속적으로 실질적인 교육과정 통합을 실시해 온 학교 사례를 살펴보면 알 수 있다. 최근 농촌의 소규모 학교와 많은 혁신학교들이 운영하고 있는 '배움의 공동체' 학습에서도 교과 내 통합뿐 아니라 교과 간 통합적 활동을 했을 때 학습 참여도뿐만 아니라 활동 성과도 높아졌다고 보고하고 있다. 통합교육과정이 학생들의 실질적 학습 능력을 향상시킨다는 보고는 이 밖에도 많이 있다.

아울러 우리는 학습 능력이 무엇인가에 대해서도 생각해 보아야 한다. 우리가 생각하는 학생의 학습 능력은 단순이 무엇을 기억하는가의 문제만은 아니다. 오히려 학습 활동을 통해 학업성취뿐만 아니라 협력과 나눔의 삶의 태도, 스스로 문제를 해결하려는 자세와 창조적인 방안 구안, 실제 생활과 연결된 학습을 통한 학습 내용의 내면화, 다양성에 대한 이해를 통한 타인 존중과 배려 등 유·무형의 효과를 거둘 수 있다. 그런 측면에서 교육과정 통합 활동은 단순한 교육 활동이기보다는 새로운 교육철학을 실현하는 과정이라 할 수 있다. 제임스 빈James Beane, 1995의 설명은 이러한 교육과정 통합 활동의 본질을 잘 드러내고 있다.

교육과정은 여러 교과를 통합한 표면적인 변화나 수업을 재조직하는 단순한 조직상의 장치가 아니다. 차라리 그것은 학교 교육의 목적이 무엇인가, 교육과정의 원천은 무엇인가, 지식을 어떻게 활용할 것인가에 대한 하나의 사고방식이다. 교육과정 통합은 교육과정의 원천, 당면한 이슈들, 삶 자체와 관련된 관심사들이어야 한다는 아이디어에서 출발한다.

예를 들어 '마을의 생태'라는 주제를 가지고 교육과정 통합 활동으로 「우리 마을 조사 보고서」를 작성하기로 했다고 하자. 그 과정에서 아이들은 국어 수업 시간에 보고서 쓰기의 형식에 대한 학습을 바탕으로 보고서 내용을 채우는 노력을 급우들과 협력하며 할 것이다. 그리고 미술 수업 시간에는 보고서 내용을 좀 더 시각화하기 위해 마을 지도를 그리거나 멋진 표지 제작을 할 것이다. 이러한 과정을 거치면서 학생들은 각자의 능력을 발휘하면서 실질적인 쓰기 방법을 익힐 것이며, 창의적인 미술적 표현 방법도 터득할 것이다. 물론 마을을 조사하면서 마을

이 처한 현실과 생태 환경을 파악하여 우리 마을을 잘 보존하기 위해
내가 할 수 있는 일은 무엇일까도 고민할 것이다.

〈표 3-2〉 국어과와 미술과 성취기준

국어과 쓰기 성취기준	미술과 표현 성취기준
자신의 삶과 경험을 바탕으로 독자에게 감동이나 즐거움을 주는 글을 쓴다.	창의적인 발상을 통해 주제의 특징과 목적을 표현한다.

이러한 학습 활동은 슈어만과 뉴만Scheurman & Newmann, 1998이 교육과
정, 수업, 평가 활동을 다음과 같은 범주로 서로 통합하여 활동하는 게
중요하다고 주장한 것과 맥을 같이한다.

① 지식의 구성

교과서에 나와 있는 형태로 지식을 재생산한다기보다 분석, 해석,
통합과 평가를 통해 지식을 사용하거나 조작하는 것.

② 학구적 탐구

많은 사실을 피상적으로 아는 것보다, 제한된 주제에 대한 깊이 있
는 이해에 도달하는 것. 그리고 자신의 결론을 표현하기 위해 정교
화된 의사소통의 형식을 사용하는 것.

③ 학교를 넘어선 가치

학교를 넘어서 사회적으로 기여할 수 있는 것. 개인적, 미적 또는 사
회적으로 중요한 담화, 작품, 그리고 수행(활동)을 산출하는 것.

슈어만과 뉴만은 학습 능력의 향상이 기본 지식 탐구와 실천의 교육 활동과 균형적으로 조화되어야만 실질적인 효과가 있음을 주장한다. 이런 주장은 학생들이 주체적으로 정보의 의미를 분석하고, 해석하고, 토론을 통해 배우도록 요구되는 활동에 참여할 때 진정한 학습이 일어나게 된다는 구성주의 학습 원리와 유사한 측면이 있다. 교육과정, 수업, 평가의 유기적 결합으로 이루어진 교육과정 통합은 학생들의 지적 활동을 "어떻게 하면 사실을 더 잘 이해할까?"에 초점을 두기보다는 "어떻게 하면 학교에서 배우는 것이 학생의 삶에 더 유의미할까?"에 관심을 둔다. 이는 우리가 지향하고자 하는 교육과 그 맥을 같이함을 의미한다. 이는 학생들이 교실 수업 중에 수행하는 활동의 본성이 학생들이 지적으로 동기화되어야 하고, 학생 스스로에게 의미가 있어야 하며, 결국은 공동체에 기여할 수 있어야 한다는 미래 교육의 방향과도 일치하는 것이다.

다. 통합교육과정을 하려면 교사는 어떤 노력을 해야 하는가?

교사들이 얼마나 많은 노력을 해야 하는지는 학교의 현실에 달려 있다. 교사들이 하겠다는 마음만 있다고 해서, 학교장의 의지만 있다고 해서 할 수 있는 것은 아니다. 교사의 의지와 협력, 학교장의 교육적 마인드와 결단, 교육 행정 당국의 행정적 지원과 학부모를 포함한 지역사회의 도움이 있어야 쉽게 이루어질 수 있다. 그렇지만 가장 중요한 것은 교사의 의지와 노력이다. 교사들은 먼저 통합교육과정 운영이 어렵다는 인식부터 버려야 한다. 쉽게 접근해야 한다. 일단 쉽게 할 수 있는 과목부터 통합을 시도해야 한다. 그다음 함께 다루고 있는 공통된 내용은 무엇인지, 어떤 활동을 함께 할 수 있는지 살펴보아야 한다. 그래야 제대로 된 통합교육과정을 실천해 갈 수 있다.

그리고 학교에서는 교육과정을 어디까지 통합할 것인지를 정해야 한다. 초등학교처럼 한 교사가 모든 것을 가르칠 수 있다면 전 과목을 통합하여 가르칠 수 있을 것이다. 중·고등학교처럼 교과목별 교사가 있는 장에서는 아주 기본적인 주제별 프로젝트 수업부터 출발하여 한두 과목의 통합이나 세 과목 통합을 시도하고, 장기적으로는 교과군별 통합이나 인문과학 과목, 자연과학 과목 통합을 염두에 두고 시작해야 한다. 이러한 과정을 밟아 가려면 다음과 같은 태도와 준비가 필요하다.

- **기존의 학습에 대한 고정관념을 탈피해야 한다.**
  교사는 학습을 '학생들에게 무엇을 가르칠 것인가'로 생각하지 말고 '학생들이 무엇을 하게 할 것인가'를 생각해야 한다.

- **교사와 학생의 역할을 새롭게 인식해야 한다.**
  교사는 감독, 촉진자, 조직자, 청자, 관찰자가 되어야 하고 학생은 자신의 학습과 행동에 책임을 지는 자가 되어야 한다.

- **통합 가능한 과목 먼저 공유할 가치와 함께 할 평가 활동을 마련해야 한다.**
  가급적 비슷한 내용이 있는 교과가 통합을 하면 성공할 확률이 높아진다. 그러면서도 핵심적 가치를 공유해야만 학습 목표를 이루어 낼 수 있으며, 통합 활동도 쉽게 찾을 수 있다.

- **통합교육과정에 맞는 수업과 평가 유형을 선택해야 한다.**
  평가가 없는 통합 활동은 자칫하면 일회성 프로젝트 활동이 될 수 있다. 수행 중심의 질적 평가를 해 나가면서 통합 활동의 실질적 성과가 이루어지도록 이끌어 가야 한다.

- **함께 할 교과가 선정되고 공통의 활동이 정해지면 교과서를 재구성한다.**
  경우에 따라서 교과 재구성 없이 활동할 수도 있지만 실질적인 활동이 이루어지려면 교과 재구성이 선행되어야 한다.

- **학습 활동을 구체적으로 구성하되 상황에 따라 융통성을 발휘해야 한다.**
  학습 활동은 해당 과목의 성취기준에 맞도록 해야 하지만 실질적으로는 주어진 현실이나 여건에 맞게 융통성을 발휘해야 한다.

라. 통합교육과정을 운영하려면 특별한 수업 전략이 있어야 하는가?

통합교육과정을 운영하는 데 가장 중요한 것은 무엇인가. 학생들이 흥미와 열정을 갖고 친구들과 함께 현실과 연관된 문제를 바탕으로 궁리하고 탐구하여 물음을 만들고 답을 찾아 나갈 때 학습 효과는 가장 높다는 것이다. 〈표 3-3〉과 같이 학습 효율성은 학생들이 실제로 학습 내

〈표 3-3〉 학습 피라미드

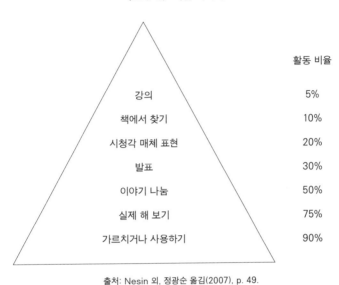

	활동 비율
강의	5%
책에서 찾기	10%
시청각 매체 표현	20%
발표	30%
이야기 나눔	50%
실제 해 보기	75%
가르치거나 사용하기	90%

출처: Nesin 외, 정광순 옮김(2007), p. 49.

용을 탐구하여 가르치거나 사용하는 학습자의 능동적인 활동일 때 훨씬 높은 성취를 보인다.

통합교육과정을 성공적으로 이끌기 위해서는 〈표 3-3〉처럼 학습자 중심의 학습 방법들을 찾아 운영하면 보다 나은 효과를 얻을 수 있다. 이때 학습자 중심의 활동은 방법적 측면에서도 협력 학습을 통한 학습 활동이어야 하지만, 철학적으로도 다양한 아이들이 협력 관계를 구축하여 활동해야 한다는 것을 의미한다.

이러한 통합교육과정은 교수 방법에서 구성주의적 접근, 학생(아동) 중심 수업, 경험 중심 교육, 학생의 참여 등 진보주의적 교육을 강조하는 성향이 강하며, 평가에서도 참평가, 수행평가를 상대적으로 강조하

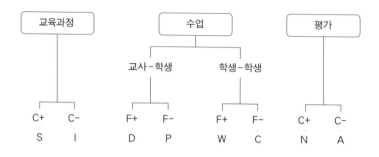

〈그림 3-1〉 교수적 실천 활동 유형

S (subject-based curriculum) 분과 중심 교육과정
I (integrated curriculum) 통합교육과정
D (direct learning) 직접교수법
P (participatory learning) 참여식 학습
W (whole-class instruction) 일제식 강의
C (collaborative learning) 협력 학습
N (norm-referenced test) 규준참조평가
A (authentic assessment) 참평가

는 경향이 높다. 이는 2장에서 언급한 분류화에 따른 절연 정도에 대한 설명을 통해서도 알 수 있다. 〈그림 3-1〉의 교수적 실천 유형은 이런 내용을 알기 쉽게 정리한 것이다. 통합교육과정이 지향하는 지점은 〈그림 3-1〉에서 IPCA 유형에 가장 가까운 것이다.

통합교육과정은 특별한 수업 전략을 선택하는 것이 아니다. 배움에 대한 인식의 전환을 요구할 뿐이다. 좋은 수업은 수업 활동에서 다양한 학생들이 협력 관계를 만들어 가면서 능동적인 학습을 실시하면 이루어질 수 있다는 생각을 갖는 것이다. 물론 통합 활동의 주제가 학생들이 흥미나 관심을 가질 만한 것이어야 하며 사회적으로도 의미 있어야 한다는 전제를 바탕으로 운영해 나가야 한다. 통합교육과정은 교사와 학생이 서로 협력하여 만들어 나가는 노력을 해야 성과를 가져올 수 있다. 또한 평가 자체도 가급적 결과 중심의 규준평가가 아니라 수행평가를 중심으로 한 참평가가 이루어지도록 노력해야 한다. 참평가는 학생의 활동의 결과만을 평가하기보다는 얼마나 탐구와 궁리를 했으며 과제를 수행하기 위해 협력, 노력했는지를 평가할 수 있기 때문이다.

마. 통합교육과정 운영을 위해
학생, 교사, 학교장은 어떤 역할을 수행해야 하는가?

학생은 통합의 주체이기에 기존 학습 태도와는 달리 학습 주체자로서의 역할을 적극적으로 수행해야 한다. 주체자의 역할도 나 홀로가 아닌 내 주변의 친구들과 더불어 배움을 만들어 가야 한다. 교육과정 통합 활동은 말 그대로 여러 과목이 통합을 통해 배움을 형성하는 것이다. 따라서 서로 다른 재능을 가진 학생들이 서로 도와주고 배우는 관계가 형성될 때 통합 활동의 목적을 충분히 이룰 수 있다. 내가 잘하는 것이 무엇인지 깨닫고 남이 잘하는 것을 인정하며 적극적으로 배우려는 자세를 갖추는 것이 필수적이다. 서로 가르쳐 주고 배우면서, 내가 정말 모르는 것이 무엇인지, 내가 알고 있는 것이 어떤 것인지 정확하게 인지할 수 있게 되는 것이다.

아울러 교사의 입장에서도 통합교육과정을 원활하게 이루기 위해서는 기존의 개별적·독립적 관계가 아닌 보다 진전된 교사 공동체가 형성되어야 한다. 교육과정에 대한 교사의 유형을 정리한 교육학자 벤-페레츠Ben-Peretz의 구분을 살펴보자.

첫 번째, 교육과정의 수동적인 사용자에 머무는 교사는 다른 전문가들이 만들어 놓은 고도로 표준화된 주어진 지침에 따라 순응적으로 전달하는 교사이다.

두 번째는 교육과정의 실행자로서의 교사이다. 교육과정 개발자들은 교사가 교육과정 혁신을 이해하도록 도와주는 실행 전략을 개발한다. 하지만 교사들은 여전히 교육과정 개발에 완전한 파트너로 참여하기보다는 실행자 역할만 한다.

세 번째는 사용자-개발자 모델이다. 이때도 교사는 다른 전문가가 개발한 교육과정을 사용한다. 그렇지만 교사는 자신의 경험과 연구를 바탕으로 교육과정을 변형하고 새롭게 창조한다. 그리고 자신의 교실 상황과 여건에 맞게 재구성한다. 즉 교사가 교육과정을 스스로 개발하고 이를 현장에 적용하면서 자기 주도적으로 고쳐 가는 경우이다. 이것이 교육과정 통합 활동에 참여하는 교사의 모델이다.

비슷한 맥락에서 성열관[2012]은 맥러플린과 탤버트[McLaughlin & Talbert, 2001]의 교사 공동체 유형을 다음과 같이 설명했다.

① 관행 유지

교사 공동체가 약해 교사들 간 협력과 교류가 적으며, 그 결과 변화에 대한 기대가 약하다.

② 외로운 혁신 노력(나 홀로 실천)

교사 공동체가 약해, 매우 일부 교사들만 혁신적 가치와 믿음을 가지고 고군분투한다.

〈그림 3-2〉 교사 공동체의 유형(McLaughlin & Talbert, 2001)

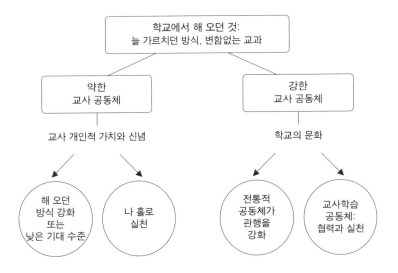

③ 해 오던 방식대로의 공동체

교사 공동체는 강한 응집력이 있으나, 그 응집력이 기존의 관행을 강화하는 방식으로 활용된다.

④ 교사학습공동체

교사 공동체가 강한 응집력이 있고, 이를 바탕으로 교사들 간의 협력과 탐구 활동이 원활히 진행된다.

단위 학교에서 교사 공동체의 형태가 교사학습공동체의 협력과 실천을 통한 강한 응집력이 있는 상태일 때 통합교육과정 운영이 원활하게 진행될 수 있다. 교사들 간의 소통과 협력 문화를 전제하지 않으면, 통합교육과정 운영은 일시적이거나 연구학교의 과제처럼 받아들여져 쉽게 피로감을 나타내고 수업 안정성이 떨어진다. 통합 활동을 하기 위해서는 학교에서 가장 먼저 수업을 중심으로 하는 교사학습공동체를 마련해야만 한다. 그래야 통합교육과정 정착과 성숙이 이루어질 수 있을 것이다.

마지막으로 통합교육과정이 제대로 이루어지기 위해서는 학교 교육과정이 새롭게 편성되어야 하는데, 이때 학교장의 역할이 중요하다. 학교장은 통합교육과정에 대한 긍정적 마인드를 갖추어야 하며, 통합교육과정이 충분히 교육적 성취를 이룰 수 있다는 확신과 믿음을 갖고 진행시켜야 한다. 아울러 학교장은 교육적 안목과 추진력을 갖고 학교 교육과정을 통합 활동이 가능하도록 편성, 운영할 수 있도록 교사들을 적극 지원해야 한다. 교사와 학교장의 역할이 원만하게 이루어질 때 통합교육과정을 제대로 운영할 수 있음은 몇몇 통합 활동을 시도한 학교에서 찾을 수 있다. 그러한 예는 7장에서 홍동중학교 통합교육과정 운영 사례를 통해 집중적으로 살펴볼 것이다.

| 4장 |

통합교육과정 활동 전략

이 장에서는 통합교육과정을 어떻게 운영해야 하는지를 집중적으로 살펴보자. 통합교육과정의 활동 전략은 협력에서 시작해 협력으로 마무리된다. 그만큼 협력적 관계가 중요하다. 통합교육과정을 실천하려면 어떠한 협력을 해야 할까. 통합교육과정의 활동 원칙과 실천 방법을 짚어 보기 전에 먼저 알아 두어야 할 것이 있다. 이 방법이 절대적이지는 않다는 사실이다. 물론 가급적 이러한 흐름에 맞추어 통합교육과정을 만들어 갈 때 시행착오를 줄이면서 보다 수월하게 할 수 있다는 것은 분명하다. 학교 현장에서 통합교육과정을 실천할 때, 아래에서 제시하는 과정을 바탕으로 상황에 맞게 통합교육과정을 변형, 생략, 발전시키면서 탄력적으로 운영하면 더욱 큰 성과를 얻을 수 있을 것이다.

1. 통합교육과정의 활동 원칙

　통합교육과정은 거시적으로는 지식과 기능, 인성이 조화된 잘 교육받은 인간을 키우고, 주체적으로 문제를 해결할 수 있는 통합적 사고력을 키운다는 데 목적을 두고 있다. 더불어 실질적으로는 학습 능력을 향상시키고 배움의 기쁨과 가르치는 일의 보람을 느낄 수 있으며, 교사와 학생 모두 협력적 관계 형성을 통해 학습 목표 달성에 이바지해야 한다는 원칙을 바탕으로 이루어진다. 이를 항목화하면 다음과 같다.

　1) 지식·기능·인성이 조화된 잘 교육받은 인간 키우기
　2) 학생의 주체적 문제 해결 능력 향상과 통합적 사고력 신장
　3) 실질적인 학습 능력 향상을 통한 배움의 기쁨과 가르침의 보람
　　　형성
　4) 공통 주제를 중심으로 다교과 간 협력 학습으로 교육 목표 달성

　먼저 교육과정 통합 활동은 분과적 학문에서 쉽게 할 수 없는, 지식과 기능 그리고 인성이 조화된 '잘 교육받은 인간'을 기르는 데 초점을

두고 있다. 이는 앞에서 언급한 드레이크와 번스Drake & Burns, 2004의 모델에서 제시한 '잘 교육받은 인간'을 통합 활동을 통해 구현하기 위함이다. 그 다음은 학생 스스로가 주체적으로 문제를 해결할 수 있는 능력과 이를 뒷받침 할 수 있는 사고력 신장을 위해서다. 이는 교육이 문제 해결 능력을 향상시키는 데 기여해야 한다고 말해 왔지만 실제로는 현실과 괴리되고 개별적인 암기식 학습 활동으로는 더 이상 문제 해결 능력을 향상시킬 수 없는 현실 상황 때문이다.

또한 통합교육과정은 실질적인 학습 능력 향상을 통한 배움의 기쁨과 가르침의 형성을 목적으로 하고 있다. 학생들은 분절적 학습을 통합함으로써 수업의 지루함을 벗어나 동료들과 함께 현실과 결합된 과제를 수행해 가면서 배우는 기쁨을 느낄 수 있다. 아울러 교사도 학생들이 자발적 활동으로 다양한 측면에서 성취함으로써 진정으로 가르치는 보람을 느낄 수 있을 것이다. 마지막으로 주제를 중심으로 여러 교과 간 협력 학습을 통해 교육 목표를 달성할 수 있도록 하는 데 그 목적을 두고 있다. 이는 분절적 과제 수행보다 협력적 활동을 통해 보다 수월하고 체계적으로 교육 목표를 이룰 수 있기 때문이다.

이런 목표들을 세우고 통합 활동을 하는 까닭은 기존 학문 체계 중심의 분과적 수업으로는 현대 사회에 일어나는 복잡다기한 문제를 제대로 해결할 수 없을 뿐만 아니라 학습 내용이나 활동이 현실의 삶과 유리되어 있다는 것에서 찾을 수 있다. 통합교육과정은 여러 과목의 통합을 고리로 학생들의 흥미와 자발성을 끌어내 보다 효율적이고 실제적인 학습이 이루어질 수 있도록 해야 한다.

이를 위해 다음과 같은 통합교육과정 활동의 원칙을 바탕으로 제대로 된 통합교육과정 활동 계획을 수립하고 실천해야 한다.

1) 주제(교육 목표와 가치)를 중심으로 하는 교육과정 통합이어야 한다.
2) 평가를 중심으로 2개 이상의 과목이 연결된 단일한 활동이어야 한다.
3) 실질적인 학습량 감소와 성취기준 도달이 이루어야 한다.
4) 학생의 학습 개선(탐구력 증진)과 학습 능력 향상이 이루어져야 한다.
5) 학생 활동이 일상적이며 현실적인 삶과 연결되고 실천되어야 한다.

첫 번째 원칙과 관련해 생각해 보면, 일정한 주제(또는 가치)가 없으면 다양한 교과를 하나로 묶기가 어렵다. 그러므로 일정한 주제나 가치를 중심으로 교육과정 통합 활동이 이루어지도록 해야 한다. 교육과정 통합 활동을 시작하려면 모든 과목을 포괄하며 꿰뚫는 공통 주제가 있어야 한다. 공통 주제는 학교가 지향하는 교육의 목표나 방향, 학생의 발달 시기에 가져야 할 가치일 것이다.

두 번째, 평가를 중심으로 한 통합 활동이어야 한다. 아무리 좋은 통합 활동이라 해도 평가가 없으면 동기가 약해지고 열의를 떨어뜨릴 수 있기 때문이다. 그러므로 공통 주제를 중심으로 2~3개의 과목들이 통합 활동을 할 때, 평가를 실시하면 학생들의 참여도와 성취도가 매우 높게 나타날 수 있다. 평가는 통합 활동 과정과 결과를 바탕으로 각 과목별 평가 목표에 맞게 평가해야 한다.

세 번째, 통합 활동을 통해 학생들의 실질적인 학습 활동 개선과 학습 능력 향상이 이루어지도록 해야 한다. 이러한 목적을 이루려면 개별 학습이 아닌 모둠별 협력 학습을 중심에 두고 학생 개개인이 지닌 다양한 능력이 발휘될 수 있는 학생 중심 수업을 만들어 가야 한다. 그래야 서로 간에 배움이 일어나 학습의 질적 향상이 이루어진다. 그리고 활동은 1개의 단일한 활동이어야 한다. 물론 통합 활동을 완성하기 위해서는 각 과목별로 해당 과목의 과제가 필요하다. 통합 활동은 여러 교과가 단일한 활동을 중심으로 학습 내용을 결합하므로 중복된 활동을 줄일 수 있지만, 실질적으로 학습량을 줄이기 위해서는 각 교과마다 학습 내용과 활동을 재구성해야 한다. 각 과목별로는 목표를 설정하여 통합한 각 교과의 성취기준을 달성할 수 있도록 해야 한다. 그래야만 학습 활동의 효율성을 높일 수 있다.

네 번째, 학습 활동 내용이 학생들이 매일 만나는 일상적인 삶과 연관되어 있어야 한다. 관념적이거나 학생들의 현실적인 삶과 거리가 먼 활동이어서는 좋은 결과를 이끌어 낼 수 없다. 통합 활동은 학생들의 흥미와 관심을 불러일으킬 만한 일상적이고 현실적인 활동이어야 하며, 그 활동이 학생들 삶을 변화시키고 행동으로 나타나게 해야 의미 있는 활동이 될 수 있다.

교육과정 통합 학습 활동은 이상과 같은 원칙에 따라 운영되어야 흔들리지 않고 실천할 수 있다.

2. 통합교육과정의 운영 방법

교육과정 통합 활동을 추진하기에 앞서 주요한 기본 개념들을 이해해야 한다. 이제 〈표 4-1〉에 제시된 '교육과정 통합 활동 템플릿'[2]을 중심으로 기본 개념들을 살펴보겠다.

교육과정 통합 활동의 중요한 개념 가운데 하나인 공통 주제는 학교가 지향하는 교육 목표를 함축적으로 담고 있는 개념이나, 각 교과에서 이루어지는 학습 내용의 주요 개념을 모두 포괄하는 개념이다. 공통 주제는 하위 개념들을 포함하는 보다 큰 개념들로 이루어져야 한다. 예를 들어 '공존'이라는 공통 주제를 선정한다면 '자연과의 공존', '이웃과의 공존', '문화와의 공존' 등 '공존'이라는 가치를 담고 있는 하위 개념이 존재해야 공통 주제로 선정할 수 있다.

하위 주제는 공통 주제를 실질적으로 이루어 내는 개념이며 단어나 구로 표현된다. 하위 주제는 교육과정 통합 활동의 실질적 주제이므로

---

2. 템플릿(template)이란 어떤 물건을 만들기 위한 본뜨기 공구나 복제의 모형을 의미하나 여기서는 어떤 활동을 만들어 가는 데 바탕이 되는 기준 틀로 설정하고 있다.

〈표 4-1〉 교육과정 통합 활동 템플릿

공통 주제

하위 주제

과목별 성취기준

과제

수행평가 활동으로 통합

과목별 평가

통합 활동을 실시하는 교과의 학습 내용이나 활동을 포괄할 수 있어야 한다. '공존'이라는 공통 주제에서 '마을과 문화'라는 하위 주제로 학습하려 할 때, 학습 내용에 '마을의 생태', '마을의 문화', '마을의 지리 구조' 등과 관련된 내용이 담겨야 실질적인 효과를 얻을 수 있다. 따라서 과목별 통합을 할 때는 하위 주제를 중심으로 학습 활동이 가능하도록 통합해야 한다. 그래야 실질적인 통합 활동의 목적을 달성할 수 있다.

성취기준은 통합 활동을 실시하는 각 과목의 학습 목표이자 성취기준이다. '마을의 문화'라는 하위 주제를 바탕으로 국어, 사회, 미술이 통합 활동을 할 때, 국어는 "적절한 방법을 사용하여 설명 대상을 이해하기 쉽게 글을 쓴다", "관심사를 다양한 방법으로 설명한다"라고 할 수 있다.

과제는 각 과목에서 학습 목표를 이루기 위한 활동 내용이다. 여러 교과의 과제들이 모여 완성된 통합 활동이 이루어진다. 보고서를 작성하는 것으로 통합 활동을 세운다면, 국어에서는 학습 목표를 이루기 위해 '주제에 맞는 보고문 쓰고 발표하기'와 같은 과제를 설정해야 한다.

수행평가로 통합하는 활동은 교육과정 통합 활동에 참여하는 모든 과목이 함께 하는 하나의 활동이다. 통합 활동이 잘 이루어지려면 통합 활동에 참여하는 각 교과의 활동들이 충실하게 이루어져야만 최종적으로 통합 활동이 완성될 수 있다. 수행평가를 하나로 통합할 수 있는 주제로 통합 활동을 정하자는 것이 이 책의 핵심 아이디어다.

과목 평가는 통합 활동을 하는 각 과목들의 평가 활동이다. 과목 평가는 '수행평가 중심 교육과정 통합 활동'에 필수적인 과정으로, 통합 활동 과정에서 행해지는 각 과목별 과제와 통합 활동으로 이루어진다.

이러한 개념을 바탕으로 '수행평가를 중심으로 한 교육과정 통합 활동'을 운영하기 위해서는 구체적으로 어떤 절차와 방법이 필요한지 〈표 4-2〉를 통해 살펴보자.

〈표 4-2〉 교육과정 통합 활동 절차

1	전체 협의회나 교과협의회를 통해 교육과정 통합의 주제 선정
2	공통 주제를 중심으로 학년별, 2~3개 교과가 연결된 통합 활동 교과 만들기
3	교육과정 통합 활동 교과의 내용 분석과 공통 학습 요소 추출
4	교육과정 통합 활동의 하위 주제 선정
5	교육과정 통합 활동(Integrated activities) 선정
6	교육과정 통합 활동 템플릿 작성
7	템플릿을 바탕으로 통합 활동 계획서 수립
8	과목별 학습 내용 재구성(학습 자료 제작 등)
9	활동 실시와 교과별 과목 평가(Subject Assessment) 실시
10	교육과정 통합 활동 평가

전체 협의회나 교과협의회를 통해 교육과정 통합의 주제 선정

통합교육과정을 운영하기 위해서는 교사 전체가 동의할 수 있는 공통 주제를 선정해야 한다. 공통 주제를 선정하는 방법은 여러 가지가 있는데, 단위 학교의 교육 방향을 포함하는 내용, 학생 발달 과정에서 습득해야 할 가치, 각 교과의 학습 내용을 포괄하는 주제 가운데 정하는 것이 적절하다. 막연하게 공통 주제를 잡게 되면 하위 주제를 찾기가 쉽지 않아 억지스러운 연결을 범하기 쉽다. 공통 주제 선정은 전체 교사의 협의를 거치면 좋지만, 그 과정이 어렵다면 통합 교과가 협의를 통해 선정한 하위 주제를 바탕으로 담당 부서가 마련할 수도 있다. 물론 기본적으로는 교과협의회를 통해 선정된 주제를 놓고 전체 협의를 통해 최종 결정하는 것이 좋다. 이렇게 협의가 이루어진 뒤 담당 부서는 〈표 4-3〉과 같은 교육과정 통합 활동 추진 계획을 수립하여 해당 연도 교육과정에 넣는다.

STEP 2

공통 주제를 중심으로 학년별, 2~3개 교과가 연결된 통합 활동 교과 만들기

교과를 통합할 경우, 다과목 통합도 할 수 있지만 실제로 통합 활동을 유의미하게 하려면 3개 정도의 교과가 모여 통합 활동을 마련하는 것이 적절하다. 현실적으로 과목별로 배워야 할 교과 지식이 있기에 완전 통합은 쉽지 않다.

〈표 4-3〉 교육과정 통합 활동 추진 계획

교육과정 통합 활동 추진 계획

1. 목적
   가.
   나.
   다.

2. 방침
   가.
   나.
   다.

3. 방법
   가.
   나.
   다.

4. 통합교육활동 학기별 주제

학년	1학기 주제	2학기 주제	비고

5. 추진 계획

순	세부 내용	시기	비고

6. 예산

구분	예산 항목	비고

특히 중고등학교에서는 과목별 학습을 중요하게 여기므로 모든 내용을 통합하여 가르치기가 어렵다. 따라서 국어나 미술, 사회, 역사처럼 통합이 수월한 과목을 바탕으로 내용적 유사성이 있는 교과들과 통합을 시도해야 통합 활동을 수월하게 할 수 있다.

일반적으로 교과 통합을 할 때에는 학습 내용의 유사성을 기준으로 연결하거나, 가치의 공유를 바탕으로 묶을 수 있다. 예를 들어 과학, 기술·가정, 도덕에 나오는 '청소년기의 몸과 성'에 대한 공통적인 내용을 바탕으로 통합 활동을 할 수 있다. 또한 여행이라는 공통된 연결 주제를 바탕으로 국어와 미술, 사회 과목이 결합하여 세계 여행 계획을 세우고, 좋아하는 나라를 조사하여 세계 여행 안내서를 브로셔(소책자)나 포스터 형태로 제작하는 활동을 해 보는 것도 한 가지 예이다.

STEP 3
교육과정 통합 활동 교과의 내용 분석과 공통 학습 요소 추출

이렇게 통합 교과가 만들어지면 함께 교과 내용 분석 작업을 시도해야 한다. 각 교과서의 성취기준이 어떻게 이루어졌고 이에 따른 학습 내용은 무엇인지 살펴보아야 한다. 그렇게 하면서 〈표 4-4〉와 같은 학습 요소를 추출한다. 학습 요소 추출은 힘든 작업이지만 분석 활동을 하다 보면 그동안 눈여겨보지 않았던 교과의 학습 내용을 이해할 수 있다. 그럼으로써 곧바로 무엇이 중복된 내용인지, 같은 내용인데도 어떻게 성취기준이 다른지 파악할 수 있게 되면서 연결 주제나 공통 활동 찾기가 수월해진다. 이러면 '목표', '내용', '방법', '평가'로 이루어진 국가

<표 4-4> 과목별 통합 활동 교과의 내용 분석과 공통 학습 요소 추출

국어	사회	과학	미술	수학
대화	문화	동식물	공공미술	통계
·	·	·	·	·
·	·	·	·	·
·	·	·	·	·
·	·	·	·	·
·	·	·	·	

자세한 것은 〈표 5-1〉 참조.

수준 교육과정도 제대로 구현할 수 있다.

STEP 4

교육과정 통합 활동의 하위 주제 선정

〈표 4-4〉를 바탕으로 〈표 4-5〉와 같은 이미 선정된 공통 주제와 결합할 수 있는 하위 주제를 정리, 선정한다. 때론 이 과정에서 공통 주제와 하위 주제를 동시에 선정할 수도 있다.

STEP 5

교육과정 통합 활동(Integrated activities) 선정

여러 과목이 함께 할 수 있는 활동을 선정하는 것은 매우 중요하다. 실질적인 통합 활동의 성패가 여기서 나타나기 때문이다. 그러므로

〈표 4-5〉 중학교 1학년 교육과정의 공통 주제와 세부 연결 내용 예시

주제	키워드	하위 주제
모두 아름다운 생명들	생명	동식물, 물질, 인간, 웃음, 정서와 분위기, 격려, 대화, 상상, 삶, 세포, 영양, 물질대사, 광합성, 노래, 청소년 등
함께 더불어 사는 사회	사회	마을, 의사소통, 격려, 건의와 면담, 도시, 문화, 법, 디자인, 산업화, 인구 등
함께 가꾸고 지키는 자연	자연환경	지형, 지각, 자연, 에너지, 하천, 하늘, 땅, 재료, 물질, 악기, 고전노래, 힘, 생명 등
우리가 만들고 즐기는 문화	문화	예절, 종교, 음악, 영화, 광고, 유행, 인터넷, 만화, 서예, 축제, 공공미술, 전각, 극음악, 민요, 대중가요 등
더불어 함께	공존	마을, 농촌, 문화, 여행, 생명 등

통합 활동은 각 과목별 학습 활동을 포괄하는 활동이어야 한다. 일반적으로는 학교에서 쉽게 할 수 있는 통합 활동은 조사, 분석, 발표에서부터 시작하여 공연예술과 같은 다양한 표현 활동을 할 수 있다. 통합활동은 모든 학년이 동일한 활동을 할 수도 있으며, 학년별 학기별 위계를 지어 통합 활동을 마련하여 운영할 수도 있다. 이때 통합 활동을 운영하기 위해 필요한 예산을 미리 확보해 운영의 어려움이 없도록 해야 한다.

STEP 6

교육과정 통합 활동 템플릿 작성

'템플릿' 작성은 한눈에 어떻게 통합 활동이 이루어지는지를 알 수

교육과정 통합 활동 계획서

1. 대상:

2. 주제:

3. 지도교사:

4. 일정

시간	활동 내용	장소	담당	비고

5. 교육과정 통합 활동

　가. 방법
　　1)
　　2)

　나. 발표 내용
　　1) 과목 1:

활동 내용	관련 단원	비고

　　2) 과목 2:
　　3) 과목 3:

　다. 평가

　라. 예산

지출 항목	소요액(원)	산출 내역	비고

6. 기타 사항

있게 해 주는 통합 활동의 기준 틀이다. 그러므로 지금까지 선정된 공통 주제, 하위 주제, 과목별 성취기준에 따른 학습 과제나 평가 내용을 통합 활동과 결합하여 〈표 4-1〉의 양식에 내용을 채운 '교육과정 통합 활동 템플릿'을 작성한다.

STEP 7
템플릿을 바탕으로 통합 활동 계획서 수립

이 과정에서는 〈표 4-1〉 '교육과정 통합 활동 템플릿'을 바탕으로 〈표 4-6〉처럼 좀 더 구체적인 '교육과정 통합 활동 계획서'를 수립한다.

STEP 8
과목별 학습 내용 재구성(학습 자료 제작 등)

지금까지 이루어진 '교육과정 통합 활동 템플릿'과 '교육과정 통합 활동 계획서'를 바탕으로 〈표 4-7〉과 같은 '통합 활동 교과별 학습 지도안'을 작성한다. 지도안을 작성할 때는 수업을 중심에 두고 어떻게 진행할 것인가 그 흐름을 중심으로 작성하는 것이 중요하다. 아울러 타 교과와 함께 통합 활동을 수행하려면 자연스럽게 교과서를 재구성하여 단원을 배치하고 학습 활동을 진행해 가야 한다. 물론 교사는 그에 맞는 학습지를 제작해야 한다.

통합 활동 교과별 학습 지도안

1. ○○ 과목의 학습 목표
   가.
   나.

2. ○○ 학습 관련 내용 및 세부 활동
   가. 대단원:
   나. 소단원:
   다. 수업의 특징과 방향
   라. 수업의 흐름(차시별 교수·학습 계획)

차시	교사	학생	자료
1			

3. ○○ 학습 과제
   가.
   나.

4. ○○ 학습 활동 평가 기준표

평가 영역	평가 목표	채점 요소	상	중	하

5. 차시별 구체적 계획(생략 가능)
   ⊙ 1차시

차시	구성 요소	교수·학습 자료

6. 기타 사항

STEP 9
활동 실시와 교과별 과목 평가(Subject Assessment) 실시

준비가 다 되었으면 실행을 하고 활동을 마치면 그동안 이루어진 과정과 결과를 바탕으로 평가를 하도록 한다. 일정한 규준을 세워 평가하는 규준평가(상대평가)보다는 아이들의 변화 발달과정에 초점을 두어 평가하는 '참평가'가 이루어질 수 있도록 해야 한다.

STEP 10
교육과정 통합 활동 평가

지금까지 순서에 따라 통합교육과정을 실천했다면 교육과정 통합 활동이 얼마나 계획에 맞게 운영되었는지 평가를 해야 한다. 평가는 활동이 마무리되는 12월 부서별 평가나 교직원 전체 평가 시간에 하도록 한다. 이때 이루어지는 평가는 단순하게 누가 잘하고 못했는가를 평가하는 것이 되어서는 안 된다. 모두가 얼마나 통합 활동에 공감하고 실천해 왔는지, 활동을 통해 얼마나 성장했는지, 무엇을 어떻게 하면 더 잘할 수 있는지 등 보다 발전된 통합 활동이 이루어질 수 있도록 하는 데 초점을 두어 평가 활동을 해야 한다. 예를 들어 학생들에게는 통합 활동을 통해 자신이 학습 활동에 흥미를 갖고 얼마나 자신의 능력을 발휘했는지를 물어야 하며, 교사에게는 실질적으로 과목 간 교사들의 협력이 유기적으로 이루어졌는지를 살펴야 한다. 다음의 〈표 4-8〉과 〈표 4-9〉 같은 '통합교육과정 활동 평가표'를 활용하여 활동의 두 주체인 교사와 학생 모두 교육과정 통합 활동의 내용과 효과를 점검하고, 나타난 결과를 정리하여 이듬해 새롭게 교육과정 통합 활동 계획을 수립하는 데 반영하도록 한다.

〈표 4-8〉 통합교육과정 활동 평가표(학생용)

순	내용	그렇다	보통이다	아니다
1	통합 활동이 흥미 있고 의미 있었는가?			
2	스스로 적극적인 활동 기회가 주어졌는가?			
3	모둠별 협력 학습이 잘 이루어졌는가?			
4	학습 내용을 충분히 이해하고 자신의 학습 능력이 향상되었는가?			
5	과목별로 적절한 평가가 이루어졌는가?			

〈표 4-9〉 통합교육과정 활동 평가표(교사용)

순	내용	서술란
1	통합 활동 계획의 구현 정도	
2	참여 교사의 통합 활동 가치의 공유와 협력 관계 형성	
3	학생들의 탐구 능력 및 통합적 사고력 신장	
4	활동의 중복성 감소 및 효율화	
5	과목별 학습 목표 실현과 평가의 타당성	

| 5장 |

다과목 통합교육과정 운영 실제

다과목 통합교육과정을 학교 현장에서 효과적으로 운영하려면 어떻게 해야 할까? 이 장에서는 다과목 통합교육과정의 주제와 활동 선정, 템플릿과 계획서 작성, 과목별 학습 내용 재구성, 통합 활동 실행, 평가에 이르기까지를 살펴본다.

1. 다과목 통합교육과정

　다과목 통합교육과정을 학교 현장에서 효과적으로 운영하려면 어떻게 해야 할까? 우선 전년도에 작성되는 차기 연도 학교 교육과정 운영 계획에 '다과목 통합교육과정 운영 계획'이 포함되어야 한다. 그러려면 교육과정위원회와 교과협의회를 통해 다과목 통합교육과정 운영에 대한 학교장, 교사, 학생 사이의 합의를 도출해야 한다. 이와 같은 절차를 거치면서 다과목 통합교육과정 운영의 실질적인 주체인 교사들이 통합교육과정에 대한 의식을 공유하고 구체적인 방향과 방법 등이 만들어진다. 이를 바탕으로 교육과정 통합 활동 추진 계획을 작성하여 차기년도 학교 교육과정에 포함시킨다.

　다과목 통합교육과정이 가장 유용하게 활용될 수 있는 때는 언제일까? 다과목 통합교육과정은 1~2주간의 기간을 정해서 운영하거나 시험 후 정상적인 수업 진행이 어려울 때 진행하는 프로젝트 학습에 매우 유용하게 활용될 수 있다. 프로젝트 학습은 학습자들이 스스로 주제를 선정, 탐구하여 과제를 해결함으로써 최종 결과물을 산출해 내는 학습 형태이다. 탐험 학습, 현장 연구, 박물관 교수 모형, 문제 중심 학습 등의 유형이 프로젝트 학습에 속한다. 프로젝트 학습을 통해서 학업성취도, 자기 주도적 문제 해결력, 사회적 기술, 프로젝트 관리 능력, 내재적 동기 측면에서 긍정적 효과를 올릴 수 있다.

2. 다과목 통합교육과정의 주제 선정

가. 교육과정에 대한 이해

다과목 통합교육과정 운영을 위해서 먼저 해야 할 일은 무엇일까? 우선 다과목 교육과정 통합의 공통 주제를 선정하는 일이다. 공통 주제를 선정하려면 교육부가 고시한 교육과정을 이해해야 한다. 교육부가 운영하는 국가교육과정 정보센터http://www.ncic.re.kr/nation.index.do에서 교육과정 총론, 각 교과목별 교육과정, 교육과정 해설 등을 통해 교육과정에 대한 이해를 넓힌다. 교육과정을 충분히 이해해야 교과별 학습 내용 요소 추출, 공통 주제와 하위 주제 선정 등을 쉽게 진행할 수 있다.

나. 교과별 학습 내용 요소 추출

여기서는 언어, 사회, 수리, 예체능, 과학 등의 각 영역을 대표하는 교과를 대상으로 교육과정과 교과서를 검토, 분석하여 학습 내용 요소를

<표 5-1> 중학교 1학년 교육과정의 각 과목별 교과 내용 요소

국어	사회	수학	미술	과학
갈등	개인 성장	도형	거리	관성
건의	계절	문자	공공미술	광물
격려	기후	식	공예	광합성
공감	도시	유리수	나	동식물
광고	도시화	일차방정식	동식물	등속
대화	도시환경	입체	디자인	마찰력
말의 기능	동아시아	자연수	만화	물질
매체	문화	정수	물질	물질대사
면담	법	연산	미술가	부력
보고	사회적 관계	통계	민화	부피
분위기	산맥	평면	상상	분자
소개	산업화	함수	생명	생물
소통	삶		생활	세포
슬기	생활		서예	암석
영화	세계		시각문화	압력
예절	시간		유행	에너지
웃음	인구		인간	영양
위로	인권		자연	오염
음악	자연재해		재료	전기
의사소통	자연환경		재활용품	중력
인생	종교		전각	증발
인터넷	지진		전통	지각과 변동
정서	지형		축제	힘
주장	하천		풍경	지표
단어	헌법		하늘	탄성력
품사	화산			판구조론
현실생활				평형

추출했다. 국어, 사회, 수학, 미술, 과학 교과목에서 추출한 내용 요소는 〈표 5-1〉과 같다.

다. 공통 주제와 하위 주제의 선정

공통 주제는 어떻게 선정해야 할까? 공통 주제는 이미 추출된 각 과목별 교과 내용 요소를 바탕으로 추상도가 높은 수준에서 선정한다. 하위 주제는 공통 주제를 실질적으로 이루어 내는 가치로 교과 학습 내용이나 활동을 포괄할 수 있어야 한다.

공통 주제는 다과목 통합교육과정에 참여하는 각 교과의 교사들이 모두 참여하여 이미 추출된 각 교과별 내용 요소를 바탕으로 각 학교의 조건에서 실질적으로 실천할 수 있는 주제로 선정해야 한다.

〈표 5-1〉을 바탕으로 만들어진 공통 주제와 하위 주제는 〈표 5-2〉로 정리할 수 있다.

〈표 5-2〉에서 정리한 여러 가지 공통 주제 중 '공존'으로 정했을 때에는 공통 주제를 구현할 하위 주제를 '마을, 농촌, 문화, 여행, 생명'으로 정했다. 하위 주제는 해당 학교의 교육 목표, 교육 시설, 지역사회의 여건, 학생의 조건 등을 고려하여 최상의 교육 목표를 달성할 수 있도록 선정한다.

〈표 5-2〉 중학교 1학년 교육과정의 공통 주제와 하위 주제

공통 주제 키워드	주제	하위 주제
생명	모두 아름다운 생명들	동식물, 물질, 인간, 웃음, 정서와 분위기, 격려, 대화, 상상, 삶, 세포, 영양, 물질대사, 광합성, 나, 가곡, 가창, 청소년 등
사회	함께 더불어 사는 사회	마을, 의사소통, 격려, 건의와 면담, 도시, 문화, 법, 디자인, 산업화, 인구 등
자연환경	함께 가꾸고 지키는 자연	지형, 지각, 자연, 에너지, 하천, 하늘, 땅, 재료, 물질, 산조, 오카리나, 타악기, 감상, 힘, 생명 등
문화	우리가 만들고 즐기는 문화	예절, 종교, 음악, 영화, 광고, 유행, 인터넷, 만화, 서예, 축제, 공공미술, 전각, 극음악, 민요, 대중가요 등
공존	더불어 함께	마을, 농촌, 문화, 여행, 생명 등

3. 교육과정 통합 활동 선정

교육과정 통합 활동은 어떤 활동을 말하는 것일까? 교육과정 통합 활동은 다과목 통합교육과정 운영에 참여하는 모든 교과가 함께 하는 활동이다. 공통 주제와 하위 주제, 그리고 각 교과 학습 목표를 바탕으로 진행한 각 교과 활동을 하나의 유형으로 통합하여 교육과정 통합 활동을 운영하는 것이다. 각 교과 활동은 교과 담당 교사가 각 교과의 특성과 공통 주제와 하위 주제를 가장 잘 구현할 수 있는 적절한 유형으로 운영하면 된다. 교육과정 통합 활동은 보고서 작성과 발표, 동영상, 연극, 노래, 작품 제작 등 다양한 형태로 진행할 수 있다. 여기서는 〈표 5-3〉과 같은 각 교과 활동을 바탕으로 「우리 마을 보고서」 작성과 발표를 교육과정 통합 활동으로 선정했다.

<표 5-3> 각 교과의 활동 내용

과목	활동 내용
국어	조사 보고서 작성하여 발표하기
사회	활동지를 통해 마을의 위치 파악과 갈등 요소 해결 방법 찾기
수학	마을의 인구 현황을 히스토그램으로 나타내기
미술	다양한 재료를 이용한 표지와 고지도 제작하기
과학	마을에서 에너지 전환 장소를 찾고 개선 방법 알아보기

4. 교육과정 통합 활동 템플릿 작성

　교육과정 통합 활동 템플릿은 어떻게 해야 효과적으로 작성할 수 있을까? 교육과정 통합 활동 템플릿은 국가교육과정에 대한 이해, 교과별 학습 내용 요소 추출, 공통 주제와 하위 주제의 선정, 교육과정 통합 활동 선정을 바탕으로 작성한다. 작성된 교육과정 통합 활동 템플릿은 〈표 5-4〉와 같다. 템플릿에는 공통 주제, 하위 주제, 각 교과별 학습 목표, 각 교과별 과제, 교육과정 통합 활동, 그리고 과목별 평가 기준이 일목요연하게 제시되어 있다.

　여기서는 공존이라는 공통 주제를 구현하기 위해 교육과정 통합 활동의 실제적 주제라고 할 수 있는 하위 주제를 마을, 농촌, 문화로 정했다. 공통 주제와 하위 주제를 바탕으로 교과는 각각의 학습 내용을 준거로 학습 목표를 설정한다.

　과제는 교과별로 학습 목표를 달성하기 위해서 학생이 수행해야 할 구체적인 활동 내용이다. 〈표 5-4〉의 템플릿에서 볼 수 있듯이 통합 활동이 '자신이 살고 있는 마을을 다양한 기준으로 나누어 조사한 뒤 이를 체계적으로 정리하여 마을 보고서를 작성하고 발표하기'이기 때문에

〈표 5-4〉 마을, 농촌, 문화를 하위 주제로 한 교육과정 통합 활동 템플릿

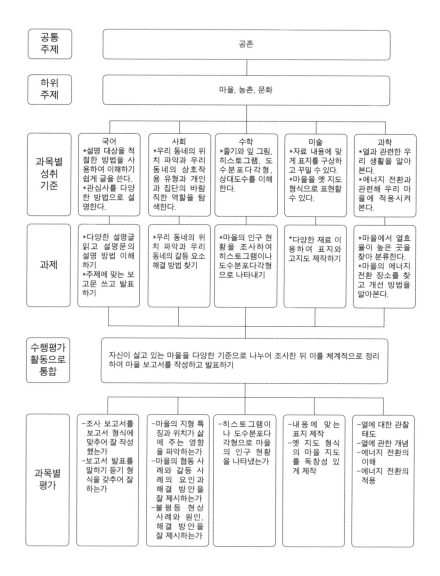

공통 주제	공존				
하위 주제	마을, 농촌, 문화				
과목별 성취 기준	**국어** *설명 대상을 적절한 방법을 사용하여 이해하기 쉽게 글을 쓴다. *관심사를 다양한 방법으로 설명한다.	**사회** *우리 동네의 위치 파악과 우리 동네의 상호작용 유형과 개인과 집단의 바람직한 역할을 탐색한다.	**수학** *줄기와 잎 그림, 히스토그램, 도수분포다각형, 상대도수를 이해한다.	**미술** *자료 내용에 맞게 표지를 구상하고 꾸밀 수 있다. *마을을 옛 지도 형식으로 표현할 수 있다.	**과학** *열과 관련한 우리 생활을 알아본다. *에너지 전환과 관련해 우리 마을에 적용시켜 본다.
과제	*다양한 설명글 읽고 설명문의 설명 방법 이해하기 *주제에 맞는 보고문 쓰고 발표하기	*우리 동네의 위치 파악과 우리 동네의 갈등 요소 해결 방법 찾기	*마을의 인구 현황을 조사하여 히스토그램이나 도수분포다각형으로 나타내기	*다양한 재료 이용하여 표지와 고지도 제작하기	*마을에서 열효율이 높은 곳을 찾아 분류한다. *마을의 에너지 전환 장소를 찾고 개선 방법을 알아본다.
수행평가 활동으로 통합	자신이 살고 있는 마을을 다양한 기준으로 나누어 조사한 뒤 이를 체계적으로 정리하여 마을 보고서를 작성하고 발표하기				
과목별 평가	-조사 보고서를 보고서 형식에 맞추어 잘 작성했는가 -보고서 발표를 말하기 듣기 형식을 갖추어 잘 하는가	-마을의 지형 특징과 위치가 삶에 주는 영향을 파악하는가 -마을의 협동 사례와 갈등 사례의 요인과 해결 방안을 잘 제시하는가 -불평등 현상 사례와 원인, 해결 방안을 잘 제시하는가	-히스토그램이나 도수분포다각형으로 마을의 인구 현황을 나타냈는가	-내용에 맞는 표지 제작 -옛 지도 형식의 마을 지도를 독창성 있게 제작	-열에 대한 관찰 태도 -열에 관한 개념 -에너지 전환의 이해 -에너지 전환의 적용

국어 과목에서는 '주제에 맞는 보고문 쓰고 발표하기'를, 다른 과목에서는 보고서에 담을 내용을 과제로 제시했다.

통합 활동은 각 과목의 과제를 바탕으로 꾸며지는데 다과목 통합교육과정 운영의 총화라고 할 수 있다. 통합 활동에는 다과목 통합교육과정 운영에 참여한 학생과 교사뿐만 아니라 참여하지 않았던 교사, 관리자, 나아가서는 학부모들까지 참석해 학생들의 보고서 작성과 발표를 보면서 다과목 통합교육과정 운영에 대한 인식을 공유하고 발전적인 방향을 모색하는 것이 좋다.

학생들의 통합 활동에 대한 평가는 〈표 5-4〉의 템플릿과 같이 각 교과별로 제시된 과제와 평가 기준을 바탕으로 이루어진다. 다과목 통합교육과정 운영의 장점은 평가에 있다. 학생들은 다과목 통합교육과정 운영에서 각 교과별로 제시된 과제를 수행하면 별도의 활동을 하지 않고도 수행평가 과제를 수행하는 것이기 때문이다. 다과목 통합교육과정 운영은 학생의 부담을 줄여 줄 뿐만 아니라 수행평가 본래의 취지에도 부합하는 활동이다.

5. 교육과정 통합 활동 계획서 작성

 다음에는 선정된 교육과정 통합 활동과 템플릿을 바탕으로 교육과정 통합 활동 계획서를 수립한다. 작성의 예는 〈표 5-5〉와 같다. 교육과정 통합 활동 계획서를 작성해야 하는 이유는 무엇일까? 교육과정 통합 활동 계획서 작성에는 많은 시간이 소요되지만 교육과정 통합 활동을 짜임새 있게 운영하기 위한 필수적인 과정이다. 교육과정 통합 활동 계획서 작성은 공통 주제와 하위 주제, 이를 구현하기 위한 각 교과별 교육 목표와 과제와 평가, 통합 활동 선정 등이 적절한지를 살펴보는 과정이다. 이를 통해서 다과목 통합교육과정을 내실 있게 운영해 갈 여건을 마련할 수 있다.

 그런데 교육과정 통합 활동 계획서에는 어떤 내용이 담겨야 할까? 〈표 5-5〉와 같이 교육과정 통합 활동 계획서에는 대상, 주제, 지도 교사, 일정, 교과별 활동 내용, 소요 예산 등의 내용이 담겨야 한다. 일정에는 교육과정 통합 활동을 진행할 주요 일정을 시간대별로 제시하면 된다. 또한 각 교과별로 진행된 활동을 바탕으로 통합 활동의 방법과 절차, 평가 방법 등을 나타낸다.

〈표 5-5〉 교육과정 통합 활동 계획서

교육과정 통합 활동 계획서

1. 대상: 1학년

2. 주제:「우리 마을 조사 보고서」작성과 발표

3. 지도교사: 국어, 사회, 수학, 미술, 과학 교과 담당 교사

4. 일정

시간	활동 내용	장소	담당	비고
08:30 ~09:00	조회 및 교육과정 통합 활동 안내 모둠별「우리 마을 조사 보고서」전시 관람	교실 강당		
09:00 ~12:00	동아리 활동 발표	강당		
12:00 ~13:00	점심식사 (학급별, 모둠별 담합을 도모할 수 있는 모둠별 비빔밥 비벼 먹기)	강당		
13:00 ~16:50	「우리 마을 조사 보고서 발표」	강당		
16:50 ~17:00	소감 발표 및 뒷정리	교실		

5. 교육과정 통합 활동

  가. 방법
    1) 몇 명을 1모둠으로 나누어 활동 지도
    2) 교육과정 통합 활동 시 모둠별「우리 마을 조사 보고서」발표가 이루어질 수 있
      도록 교과별 사전 수업 실시

  나. 활동 내용
    1) 국어

활동 내용	관련 단원	비고
• 다양한 설명글 읽고 설명문의 설명 방법 이해하기 • 주제에 맞는 보고문 쓰고 발표하기	• 보고서 쓰고 발표하기	

2) 사회

활동 내용	관련 단원	비고
•우리 동네의 위치 파악과 우리 동네의 갈등 요소 해결 방법 찾기	•우리 동네 위치 조사 •사회적 상호작용과 사회적 관계의 유형 탐색 •불평등 현상의 사례 및 원인, 해결 방안 제시	

3) 수학

활동 내용	관련 단원	비고
•마을의 인구 현황을 조사하여 히스토그램이나 도수분포다각형으로 나타내기	•도수분포와 그래프 •확률과 그 기본 성질 •대푯값과 산포도	

4) 미술

활동 내용	관련 단원	비고
•다양한 재료 이용하여 표지와 고지도 제작하기	•지도 그리기 •표지 그리기	

5) 과학

활동 내용	관련 단원	비고
•마을에서 열효율이 높은 곳을 찾아 분류하기 •마을의 에너지 전환 장소를 찾고 개선 방법을 알아보기	•물질과 에너지	

다. 평가
1) 제출한 자료를 대상으로 교과별로 제시된 기준에 의해 평가한다.
2) 통합 활동 전 교육과정 속에서 학생의 참여 정도를 반영할 수 있다.

지출 항목	소요액(원)	산출 내역	비고

6. 소요 예산

7. 기타 사항

6. 과목별 학습 내용 재구성 (학습 자료 제작 등)

이번에는 '템플릿'과 '교육과정 통합 활동 계획서'를 바탕으로 각 교과별로 교육과정 통합 활동 학습 지도안을 작성한다.

각 교과별로 교육과정 통합 활동 학습 지도안을 작성할 때는 어떤 점에 유의해야 할까? 각 교과별 교육 목표와 통합교육과정 운영의 취지를 살릴 수 있게 교육 내용의 재구성을 통해 공통 주제와 하위 주제를 구현할 수 있어야 한다. 〈표 5-6〉은 교육과정 통합 활동 국어과 학습 지도안의 예이다.

각 교과별 교육과정 통합 활동 학습 지도안에는 〈표 5-6〉에서 보는 바와 같이 학습 목표, 단원명, 수업의 특징과 방향, 수업의 흐름, 학습 과제, 학습 활동 평가 기준표, 수업 자료 및 예시 자료 등이 담겨 있어야 한다.

교육과정 통합 활동 국어과 학습 지도안

1. 학습 목표
가. 지역사회에 관련된 여러 교과의 다양한 조사 활동을 보고서 절차에 맞게 진행할 수 있다.
나. 여러 교과에서 활동한 결과를 바탕으로 지역사회에 대해 다양한 방법을 사용하여 누구나 쉽게 공감할 수 있는 「우리 마을 조사 보고서」를 작성할 수 있다.
다. 「우리 마을 조사 보고서」를 듣는 사람이 흥미와 관심을 갖고 공감할 수 있도록 다양한 매체를 사용하여 효과적으로 설명할 수 있다.

2. 학습 관련 내용 및 세부 활동
가. 대단원: 보고서 쓰고 발표하기
나. 소단원: (1) 보고하기와 보고서 쓰기
다. 수업의 특징과 방향
　　소단원에서는 보고문이 어떤 글인지 이해하고 이를 바탕으로 보고서를 쓸 때에는 관찰, 조사, 실험 등의 절차와 결과가 잘 드러나도록 써야 하는데, 이를 위해 보고서의 구성 요소와 구성 방식을 학습하도록 한다. 아울러 또 다른 소단원에서는 직접 위에서 학습한 개념과 원리, 형식에 대한 이해와 여러 교과에서 관찰, 조사, 실험한 내용을 바탕으로 절차에 맞추어 보고서를 쓴다. 이때는 모둠원이 각자 일정한 역할을 수행하면서 협력하여 작성하도록 한다. 이를 위해 경쟁이 아닌 상호 협력의 중요성을 깨닫고 누구나 쉽게 이해할 수 있는 보고서와 보고문 발표를 하도록 한다. 보고문을 발표할 때는 다양한 매체를 활용하고 주제에 맞게 적절한 표현 방법을 사용하여 모든 사람이 공감하여 마을에 대한 관심을 갖도록 한다.

차시	교사	학생	자료
1	• 대단원 내용 짐작하고 활동 영역 알기 • 통합 활동 내용과 방법, 평가 안내 - 수학, 과학, 사회, 미술과의 통합 활동 안내 - 국어에서의 보고서 내용 정리 및 쓰기 활동 안내 - 활동 평가 요소 및 방법 안내	• 학습 활동	
2	• 단원의 성취기준 알기 • 제시된 글 읽고 내용 정리하기 • 초등학교 시절의 보고문 쓰기 방법 되새기기 • 우리 마을을 소개한 다른 보고문 읽고 생각하기	• 학습 활동	
3	• 보고하기 글 읽고 보고서와 관련된 경험 말하기 • 보고문의 이해 • 학습 활동 - 보고문의 개념, 구성 형식, 구성 요소 이해하기 - 보고문 작성의 윤리 생각하고 지키기	• 학습 활동	

4	•학습 활동 – 보고서 작성하기 위한 개요 만들기 – 제시된 보고서를 바탕으로 보고서 형식과 구성 요소 익히기 – 보고서 작성을 위한 적절한 매체 이해하기	•학습 활동	
5	•모둠 나누기(한 모둠당 5~6명 이내로 한다) •모둠원이 모여 보고문의 개요표를 작성한 뒤 보고문 형식에 맞추어 서로의 역할 분담을 한다. – 자료 수집, 자료 정리, 본문 쓰기, 발표하기, 추가 설명 하기 •다른 교과에서 학습 활동한 자료를 바탕으로 개요표를 작성한다.	•모둠 활동	
6	•개요표에 맞추어 타 교과에서 활동한 자료를 모둠원이 협의하여 체계적으로 정리 배열한다. •역할에 맞추어 보고문을 작성한다.	•모둠 활동	
7	•완성된 보고문 고쳐 쓰기를 한다. •보고문 발표를 준비한다(보고문 발표에는 매체를 활용하여 프레젠테이션을 한다).	•모둠 활동	
8	•보고문 발표를 한다(평가 기준에 맞추어 적절하게 보고서가 작성되었는지, 발표는 적절하게 하는지를 학습자 모두가 평가하게 한다).	•모둠 활동	
9	•단원 활동 평가 및 어휘 학습 •단원에 제시된 글 읽고 내용 정리하기	•학습 활동	

라. 수업의 흐름(차시별 교수·학습 계획)

3. 학습 과제
   가. 수학, 과학, 사회 시간에 학습 활동을 통해 자신이 살고 있는 마을에 대해 알게 된 다양한 정보를 보고문 형식에 맞추어 체계적으로 정리해 온다.
   나. 우리 마을에 관한 다양한 글, 또는 마을과 관련된 문학 작품을 읽고 '마을의 미래는 어떠해야 하는가'라는 주제로 토의할 준비를 한다.

4. 학습 활동 평가 기준표

평가 영역	평가 목표	채점 요소	상	중	하
쓰기	보고문의 형식에 맞추어 보고문을 작성했는가.	보고문 쓰기 *내용의 충실성 *형식의 체계성	보고문의 형식에 맞추어 타 교과에서 학습한 자료를 통일성 있게 배치하여 적절하게 보고문을 작성할 수 있다.	보고문의 형식에 맞추어 타 교과에서 학습한 자료를 배치하였으나 글 구성 원리에 맞지 않게 보고문을 작성하였다.	타 교과의 학습 자료를 적절하게 배치하지 못하고, 보고문도 형식에 맞게 작성하지 못한다.

말 하 기	보고문을 적절한 매체를 사용하여 듣는 이가 이해할 수 있도록 설명했는가.	보고문 설명하기 *전달의 적절성	보고문을 듣는 이가 쉽게 이해할 수 있도록 매체를 활용하여 설명할 수 있다.	매체를 활용하여 설명하였으나 이해가 되도록 쉽게 설명하지 못한다.	보고문을 제대로 설명하지 못한다.
태 도	보고문을 쓰기 위해 모둠원이 힘을 모아 치밀하게 준비하여 작성했는가?	보고문 설명하기	모둠원이 긴밀하게 협력하여 보고문을 작성하고 설명한다.	모둠원이 긴밀하게 협력하여 보고문을 작성하지 못하나 각자 노력하는 모습을 보인다.	모둠원이 상호 협력을 제대로 하지 못한다.

5. 수업 자료 및 예시 자료
- 보고문 쓰는 방법과 절차(생략)

7. 활동 실시와 교과별 과목 평가

　각 교과의 학습 활동을 바탕으로 계획서에 따라 교육과정 통합 활동을 실행한다. 교육과정 통합 활동을 마치면 과정과 결과를 바탕으로 평가를 한다. 각 교과별 평가 기준을 바탕으로 평가하되 통합교육과정 운영의 취지에 맞추어 학생의 참여와 발달과정에 초점을 두어 평가하는 것이 좋다.

| 6장 |

2~3과목 통합교육과정 운영 실제

이 장에서는 교육과정을 통합한다는 것의 의미가 무엇이고, 그것이 왜 중요한지에 대해 다룬다. 또한 일제식 교육 위주의 한국적 교실 상황에서 통합교육과정이 왜 가치가 있는지를 설명한다.

1. 2~3과목 통합교육과정의 특징

'2~3과목 통합교육과정'은 '다과목 통합교육과정' 운영과정과 동일하지만 적은 과목이 결합하여 손쉽게 활동할 수 있다. 그러므로 교육과정 통합 운영에 제한을 주는 여러 문제를 해결할 수 있다는 장점이 있다. 또한 여러 학교에서 실질적인 통합교육 활동의 실천으로, 즉 현재 진행형인 것은 대부분 2~3과목 통합이 많다. 이는 소규모 과목 교육과정 통합이 현실적으로 용이하다는 장점이 있음을 말해 준다.

2~3과목 통합교육과정은 다음과 같다.

첫째 유연성이다. 다과목 통합의 경우 모든 교사가 참여해야 하는 등 여러 측면에서 어려움이 발생할 수 있지만, 소규모 통합은 이런 문제를 손쉽게 해결할 수 있으므로 유연성이 최대의 장점이다.

둘째 탄력성이다. 소규모 통합교육과정 운영은 실천적으로 쉽게 시작하고 실행에 옮길 수 있다. 교사들이 통합교육과정을 실천하려는 의지가 있다면 교사집단의 특성, 지역사회의 특징, 학부모의 성향 등 학교 문화나 학교장의 학교 경영 방식에 크게 영향을 받지 않고도 운영할 수 있다는 장점이 있다.

셋째 효율성이다. 소규모 통합교육과정은 다양한 유형을 선정하고 효율적인 교수 방법을 택할 수 있다. 2~3과목은 의사소통이 쉬워서 학생들에 대한 정보를 교류해 개개인의 특성을 빨리 파악할 수 있다. 또 통합교육 활동으로 학생들에게 나타나는 학습 효과를 빠르게 파악할 수 있고 이에 따른 피드백으로 효과적인 상호작용도 가능하다는 장점이 있다.

이와 같이 2~3과목의 통합교육과정 운영은 소수의 교사만으로도 어렵지 않게 협력을 유지할 수 있다. 또 운영 교육과정에 대한 중간 점검 및 평가가 빠르게 이루어져 교육과정 운영의 문제점을 손쉽게 조절할 수 있다. 2~3과목 통합교육과정 운영은 교사들의 전문성 개발을 좀 더 용이하게 해 준다. 문턱을 낮추어 손쉽게 통합교육과정을 시도해 볼 수 있으므로, 커다란 각오나 희생 없이도 현재와는 다른 교육과정을 통해 교사의 전문성을 높여 나갈 수 있다는 장점이 있다.

2. 2~3과목 통합교육과정의 주제 선정

　다과목 교육과정의 통합과 마찬가지로 2~3과목의 통합교육과정 운영에서도 각 교과의 교육과정 이해와 학습 내용 요소 추출, 공통 주제와 하위 주제를 선정하고 이에 따른 통합 활동을 수립해야 한다. 이를 위해서는 다른 과목의 교육과정에 대한 관심과 이해가 기본적으로 선행되어야 한다. 2~3과목이어도 우선 다른 과목의 학습 내용을 공유해야 한다. 소규모 단위이므로 교사학습동아리라는 확실한 틀이 아니더라도 다른 과목 교육과정에 대한 관심 정도만 있다면 통합교육과정 운영의 기틀을 마련할 수 있다. 이러한 출발이 통합교육과정 운영의 바탕이 될 것이다. 교과별 학습 내용 요소 추출과 공통 주제 및 하위 주제 선정에서 과정과 절차는 다과목 교육과정 통합의 주제 선정과 일치한다.

　그런데 꼭 이러한 과정을 거치지 않고 학교 상황이나 지역 자원, 학습 가치, 수업 시수를 고려해서 통합 활동을 진행할 수도 있다. 이럴 경우에는 학년별로 교사들이 협의하여 학생들이 배워야 할 적절한 공통 주제를 선정하고, 하위 주제로 공유할 수 있는 성취기준이 있는 2~3과목이 결합해서 필요한 수업 시수를 확보하고서 적절한 통합 활동을 할 수 있다. 이때에도 참평가를 바탕으로 진행해야만 유의미한 활동이 이루어진다.

3. 교육과정 통합 활동 선정의 예

2~3과목 통합교육과정의 운영에서는 다양한 통합 활동 선택이 가능하다. 이제 '환경'이라는 공통 주제를 중심으로 이루어지는 중학교 2학년 2~3과목 통합교육과정의 예를 들어 보자.

먼저 통합 활동을 하고자 하는 교사들이 모여서 학습 시기나 학교 비전 등 다양한 요소를 고려하여 적절한 공통 주제를 찾아야 한다. 이를 위해 해당 학년의 교과별 내용 요소를 〈표 6-1〉과 같이 정리한다.

〈표 6-1〉 2009 중학교 2학년 교육과정의 각 과목별 교과 내용 요소

국어	사회	기술·가정	과학
보고	지리	녹색 환경	지구온난화
매체	환경	한국형 식생활	미래 변화

그다음 이를 바탕으로 〈표 6-2〉와 같이 공통 주제를 중심으로 관련 내용을 찾는다. 그리고 각 교과목별로 '환경'을 주제로 학습 활동이 가능한 교과를 연결 지어 〈표 6-3〉과 같이 통합할 교과의 단원과 교육과

<표 6-2> 중학교 2학년 교육과정의 공통 주제와 하위 주제

공통 주제	주제	하위 주제
환경(생태)	자연과 더불어 사는 삶	산과 물, 마을, 농업, 로컬푸드, 한국형 음식 등

<표 6-3> 중학교 2학년 통합 교과의 교육과정 내용과 성취기준

과목	국어	사회	기술·가정
관련 영역과 단원	〈쓰기 영역〉 보고하는 글쓰기	〈지리 영역〉 환경 문제와 지속가능한 환경	〈가정 영역〉 녹색 가정생활의 실천
교육 과정 내용	관찰, 조사, 실험한 내용을 절차와 결과가 드러나게 보고하는 글을 쓴다.	주변에서 경험 가능한 환경 관련 이슈(예: GMO, 로컬푸드 등)를 선정하여, 이에 대한 자신의 생각을 논의할 수 있다.	녹색 식생활의 개념과 중요성을 이해하고, 식품의 구매부터 소비의 전 과정에서 에너지와 자원의 사용을 줄이는 환경, 건강, 배려의 녹색 식생활을 실천하며, 영양학적으로 우수한 한국형 식생활을 영위하고, 음식 만들기를 통해 감사, 배려, 나눔을 실천할 수 있다.
성취 기준	[국2933-2] 관찰, 조사, 실험한 내용을 절차와 결과가 드러나게 내용을 구성하여 보고하는 글을 쓸 수 있다.	[사91123] 주변에서 경험 가능한 환경 관련 이슈(예: GMO, 로컬푸드 등)를 선정하여, 이에 대한 자신의 생각을 말할 수 있다.	[가9151-2] 녹색 식생활을 실천하기 위해 식품 구매 방법과 음식 만들기 과정을 알고 이를 수행할 수 있다.

정 내용, 성취기준을 정리한다. 이때 공통 주제는 핵심 가치가 되며, 주제는 연결 가치가 된다.

위의 표처럼 국어, 사회, 기술·가정 과목의 교육과정 통합 활동이 가능하다면 어떻게 해야 할까. 먼저 국어 과목의 〈쓰기 영역〉에서 "관찰, 조사, 실험한 내용을 절차와 결과가 드러나게 보고하는 글을 쓴다"라는 교육과정 내용의 "관찰, 조사, 실험한 내용을 절차와 결과가 드러나게 내용을 구성하여 보고하는 글을 쓸 수 있다"라는 성취기준을 찾아 정리한다. 그다음 사회 과목의 〈지리 영역〉에서 다양한 공간 스케일에서 발생하는 환경 문제를 이해하고, 지속가능성의 관점에서 해결책을 모색해 보는 것이다. 더불어 "주변에서 경험 가능한 구체적 사례를 중심으로 환경 문제를 인식하고, 이에 대한 자신의 생각을 표현해 보도록 한다"라는 내용을 지닌 단원의 "(다) 주변에서 경험 가능한 환경 관련 이슈(예: GMO, 로컬푸드 등)를 선정하여, 이에 대한 자신의 생각을 논의할 수 있다"라는 성취기준을 찾는다. 기술·가정에서는 '환경'이라는 공통 주제로 함께 할 수 있는 〈가정 영역〉의 "녹색 식생활의 개념과 중요성을 이해하고, 식품의 구매부터 소비의 전 과정에서 에너지와 자원의 사용을 줄이는 환경, 건강, 배려의 녹색 식생활을 실천하며, 영양학적으로 우수한 한국형 식생활을 영위하고, 음식 만들기를 통해 감사, 배려, 나눔을 실천할 수 있다"라는 내용의 "녹색 식생활을 실천하기 위해 식품 구매 방법과 음식 만들기 과정을 알고 이를 수행할 수 있다"라는 성취기준을 찾아 정리한다. 이렇게 정리된 내용을 바탕으로 어떤 활동이 학생의 발달과 교육 비전, 시대 가치 등을 배우는 데 가장 적절한지 판단해서 통합 활동을 만들어 낸다.

　여기서는 ① 사회의 환경 이슈(로컬푸드) 조사 ⇒ ② 기술·가정의 녹색 식생활 실천(음식 만들기) ⇒ ③ 국어의 보고서 작성 발표로 이어지는 통합 활동을 중심으로 〈표 6-4〉와 같은 통합 활동 템플릿을 작성한다.

4. 교육과정 통합 활동 템플릿 작성

국가교육과정에 대한 이해, 교과별 학습 내용 요소 추출, 공통 주제
와 하위 주제 선정, 교육과정 통합 활동 선정이 이루어지면 이를 기초
로 〈표 6-4〉와 같은 '교육과정 통합 활동 템플릿'을 작성한다.

〈표 6-4〉 환경을 핵심 가치로 하는 중학교 2학년 통합 활동 템플릿

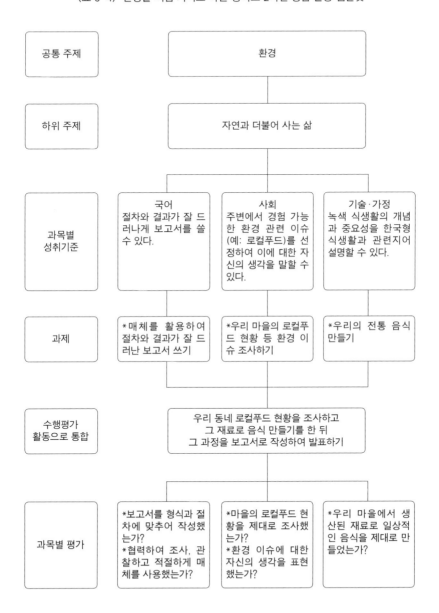

5. 교육과정 통합 활동 계획서 작성

'교육과정 통합 활동 템플릿'이 작성되면 곧바로 이를 바탕으로 통합 활동을 함께 하는 교사들이 협력하여 '교육과정 통합 활동 계획서'를 작성한다. 작성의 예는 〈표 6-5〉와 같다.

〈표 6-5〉 교육과정 통합 활동 계획서

교육과정 통합 활동 계획서

1. 대상: 2학년

2. 주제: 우리 지역 로컬푸드를 조사하고 이 재료들로 음식 만들어 보고서 쓰기

3. 지도교사: 국어, 사회, 기술·가정 담당 교사

4. 일정: 6월 첫째 주~둘째 주
   학교 일정에 맞추어 연속 수업의 경우 팀티칭 방식으로 진행하고, 현황 조사와 음식
   만들기 발표는 소강당과 가사실을 사용하여 진행함.

5. 교육과정 통합 활동

   가. 방법
   1) 학급별 1모둠당 4명으로 나누어 활동
   2) 모둠별 활동이 이루어질 수 있도록 교과별 사전 수업 실시

   나. 활동 내용
   1) 국어

활동 내용	관련 단원	비고
• 절차와 결과가 잘 드러나게 보고하는 글을 쓴다. • 사회적으로 의미 있는 내용을 매체 자료로 구성하여 발표한다.	알림의 기술	

   2) 사회

활동 내용	관련 단원	비고
• 주변에서 경험 가능한 환경 관련 이슈(예: 로컬푸드)를 선정하여 이에 대한 자신의 생각을 말할 수 있다.	지속가능한 환경	

   3) 기술·가정

활동 내용	관련 단원	비고
• 녹색 식생활의 개념과 중요성을 한국형 식생활과 관련지어 설명할 수 있다.	녹색 가정 식생활	

   다. 평가
   1) 발표한 자료를 대상으로 교과별로 제시된 기준에 의해 평가한다.
   2) 통합 활동 전 교육과정 속에서 학생의 참여와 협력 정도를 반영할 수 있다.

6. 과목별 학습 내용 재구성 (학습 자료 제작 등)

'교육과정 통합 활동 템플릿'과 '교육과정 통합 활동 계획서'를 작성한 다음에는 각 교과별 '교육과정 통합 활동 학습 지도안'을 만든다. 이때 각 교과의 교육 목표 달성과 통합교육과정 운영의 취지가 잘 드러나도록 재구성해야 한다. 그렇게 해야 개별 교과의 학습 활동이 교육과정 통합 활동의 공통 주제나 통합 활동과 연계되어 구현될 수 있고, 학생들이 배움에 흥미와 관심을 갖고 참여해서 실질적인 성장·발달을 이룰 수 있다. 〈표 6-6〉은 교육과정 통합 활동 사회과 학습 지도안의 예이다.

이와 같은 구체적인 지도안을 작성하고 각 교과에서 어떤 활동을 해야 하는지를 활동에 참여하는 교사가 공유하면 훨씬 더 효율적이고 충실하게 만들어 갈 수 있다. 이때 〈표 6-7〉처럼 함께 하는 교과의 학습 활동 자료를 공유하고, 각 교과에서 어떤 배움이 이루어졌는지를 이해하는 것도 필요하다.

〈표 6-6〉 교육과정 통합 활동 사회과 학습 지도안

교육과정 통합 활동 사회과 학습 지도안

1. 학습 목표
로컬푸드와 같은 우리 주변의 환경 관련 이슈들을 알아보고, 자신의 생각을 말할 수 있다.

2. 학습 관련 내용 및 세부 활동
가. 대단원 : 환경 문제와 지속가능한 환경
나. 소단원 : 우리 주변의 환경 문제(로컬푸드)
다. 수업의 특징과 방향
• 사례를 통해 환경 관련 이슈의 의미를 이해할 수 있도록 지도한다.
• 환경 관련 이슈에 대한 자신의 생각을 분명하게 제시할 수 있도록 유도한다.
  우리 주변에서 쉽게 접할 수 있는 사례를 통해 GMO나 로컬푸드를 비롯한 환경 관련 이슈에 관심을 갖도록 유도한다. 이를 위해 먼저 GMO나 로컬푸드의 개념을 이해하고 이런 이슈가 등장하게 된 까닭과 의미·중요도를 상황에 맞게 설명할 수 있게 관련 내용 조사나 인터뷰 활동이 이루어지도록 지도한다.

라. 수업의 흐름(차시별 교수·학습 계획)

차시	수업 형태	교수·학습 내용	자료
1	통합 활동과 평가에 대한 안내	• 환경 문제 단원 학습 목표 설명 • 통합 활동 내용과 방법, 평가 안내 – 국어, 기술가정과의 통합 활동 안내 – 단원 수업의 흐름과 학습 목표 설명 – 활동 평가 요소 및 방법 안내	
2	탐구학습 & 개념학습	• GMO 농산물이 개발된 배경 설명 • GMO 농산물의 대표적 사례 찾기 • GMO 농산물 재배에 따른 장점과 단점을 생각하고, 자신의 입장을 정리하여 발표	
3	탐구학습 & 개념학습	• 로컬푸드의 의미를 설명 • 평소 우리가 먹는 음식물의 종류 및 원료의 원산지를 발표한다. • 푸드 마일리지와 탄소 발자국의 개념을 설명한다. • '직거래 장터' 사례를 통해 생활 속에서 로컬푸드의 장점을 이해할 수 있도록 한다.	
4~5	특강 및 인터뷰	• 로컬푸드 매장 견학 • 특강-로컬푸드의 미래(마을공동체 운영자) • 인터뷰 및 자료 탐색	사전 협의

6~7	요리 실습	• 로컬푸드로 음식 만들기(학부모와 마을공동체 협력 운영)	재료 준비
8~9	보고서 발표	• 우리 동네 로컬푸드 현황 및 요리 보고서 작성 • 모둠별 통합 활동 보고서 발표	매체 준비

3. 학습 과제
  가. 사회 시간에 학습 활동을 통해 알게 된 환경 이슈에 대한 다양한 정보를 조사하
      여 정리한다.
  나. 환경에 대해 어떤 태도를 가져야 하는지 배움을 실천할 수 있는 방법을 찾아서 발
      표 준비를 한다.

4. 학습 활동 평가 기준표

평가 영역	평가 내용(평가 준거)	성취수준	비고
정의적 사회적	자율적으로 활동에 흥미와 관심을 갖고 참여하는가?		
	다른 사람을 존중하고 배려하면서 과제를 수행하는가?		
	이전에 비해 성장 발달이 이루어졌는가?		
지적 개인적	학습 내용을 제대로 이해하고 있는가?		
	지식과 정보를 활용하여 과제를 수행하는가?		
	학습 목표(과제)에 도달했는가?		
	별도의 활동 프로그램이 필요한가?		

*평가 영역이나 평가 준거는 과목에 따라 다양하게 제시될 수 있음.

교육과정 통합 활동 사회과 활동지

• 통합 활동:
지역의 로컬푸드 현황을 조사하고 이 재료로 요리 과제를 수행하여 보고서 쓰기

1. 로컬푸드란 무엇인가?:
로컬푸드 운동은 특정 지역에서 농민들이 생산한 먹을거리를 가능한 한 그 지역 안에서 소비하도록 촉진하는 활동이다. 먹을거리가 생산지로부터 밥상까지 이동하는 물리적 거리를 줄이는 것은 물론, 생산자와 소비자의 관계도 익명성에서 벗어나 사회적 거리를 좁힘으로써 식품 안전과 가격 안정을 보장받자는 것이다. 로컬푸드 운동은 얼굴 있는 생산자와 얼굴 있는 소비자가 서로 관계 맺기를 통해 밥상 안전을 지키고 지속가능한 생산–소비의 선순환 시스템을 만들 것을 권한다. 또한 친환경 농업에 의한 영농의 지속과 생물 다양성이 유지되고 먹을거리 이동 거리의 축소로 이산화탄소 방출 감소 효과가 있다. 현재 한국에는 생활협동조합, 농산물 직거래, 농민 장터, 지역 급식 운동 등 로컬푸드 운동을 표방한 여러 제도들이 시행되고 있다.

2. 로컬푸드의 장점을 찾아 정리해 보자.

   ①

   ②

   ③

3. 로컬푸드가 중요하게 된 이유(배경)를 다음 표를 보며 생각해 보자.

4. 외국에는 어느 정도 로컬푸드가 활성화되고 있는지 다음 사진을 보고 유추해 보자.

일본 시네마현 운난시 지산지소 운동 직판장 모습

5. 우리 지역(시, 군)에서 생산되는 농산물의 종류와 수량 등을 조사해 보자.

로컬푸드 종류	생산량	주요 재배 마을	기타

7. 활동 실시와 교과별 과목 평가

가. 활동 실시

교육과정 통합 활동은 앞에서 말한 유연성, 탄력성, 효율성이 확보되어야 그 효과를 충분히 얻을 수 있다. 이를 위해서는 통합 활동이 '교육과정-수업(통합 활동)-평가'라는 유기적인 흐름 속에서 이루어져야 한다. 또 각 교과의 학습 활동이 최대한 학생들의 성장과 발달을 위해 협력적으로 운영되어야 한다.

통합 활동이 제대로 이루어지려면 충분한 시간과 장소를 포함해 동원 가능한 자원이 있어야 하며, 관련 예산도 확보되어야 한다. 그리고 활동에 참여하는 교사들의 지속적인 협의와 준비가 필요하고, 각 교과에서 학생들의 배움이 통합 활동으로 모아질 수 있도록 노력해야만 실질적인 교육과정 통합 활동의 의미를 이룰 수 있다.

나. 과목별 평가

교육과정 통합 활동에서 평가 목적은 측정이 아니라 계발이어야 한다. 학생 개개인의 성장과 발달이 이루어지도록 해야 한다. 교육과정의 성취기준 평가 척도를 참고하되, 상대적인 평가가 아닌 목표 도달적인 평가를 한다. 그러므로 교육과정 통합 활동의 평가는 학습 활동과 평가가 일체화되어 다음과 같은 평가 방향을 유지한다.

첫째, '과정 중심의 평가'가 이루어져야 한다. 통합 활동은 학습자의 사회적·문화적 자본의 직접적인 영향으로 이루어지는 활동이 아니라 교사가 교수·학습 과정과 연계해 학습자의 학습 과제 수행 과정이나 결과를 직접 관찰하고 그 결과를 전문적으로 판단, 평가해야 한다. 이를 위해 교사는 통합 활동에서 지속적으로 학생이 활동의 어려움을 극복하고 자기 계발을 이룰 수 있도록 각 교과별로 꾸준한 지원을 해야 한다.

둘째, '교사별 평가'가 구현되어야 한다. 통합 활동은 같은 학년 같은 교과에서 통일적으로 마련된 평가 계획을 적용하기보다는 교사의 자율성을 바탕으로 평가 내용과 방법이 다양하게 시행되어야 한다.

셋째, '역량 평가'가 이루어져야 한다. 일반적인 수업 형태로는 학생 개개인의 잠재적인 능력을 확인하기 어렵다. 통합 활동은 각 교과별 활동을 통해 어떤 학생이 무엇을 잘하고 무엇을 잘 못하는지 그 학생에게 어떤 역량이 있는지를 살펴보는 역량 중심의 평가가 되어야 한다. 위의 예를 들면 국어 과목에서는 친구들과 얼마나 협력하여 보고서를 작성할 수 있는지 협력적 관계를 살펴보고, 사회 과목에서는 문제 이슈의 배경과 특징을 파악하여 자신의 생각을 이끌어 낼 수 있는지 사고력을 살펴봐야 한다.

넷째, '절대 평가'를 실시해야 한다. 초등학교를 뺀 중·고등학교에서는 평가를 점수화, 석차화할 수밖에 없는 것이 현실이다. 그럼에도 불구하고 통합 활동에서는 학생이 얼마나 자율적으로 활동에 흥미와 관심을 갖고 참여했는지, 다른 사람을 존중하고 배려하면서 과제를 수행했는지를 살펴야 한다. 그리고 학생이 내용을 얼마나 이해하고 배운 지식과 정보를 활용하여 목표에 얼마만큼 도달했는지, 전보다 어느 정도의 성장과 발달을 이루어 냈는지를 판단할 수 있어야 한다.

이러한 방향에서 평가를 해 나갈 때 학생들이 얼마나 협력해서 문제를 해결하려 노력했는가? 어떤 잠재력을 보였는가? 그리고 그 과정에서 얼마나 많은 발전이 이루어졌는가에 초점을 두는 개방적, 역동적, 성장 지향적인 평가를 할 수 있다. 그래야만 '평가 중심의 교육과정 통합 활동'의 실질적인 의미가 이루어질 수 있다.

| 7장 |

홍동중학교 통합교육과정
운영 사례

이 장에서는 지금까지 통합교육과정에 관한 연구를 수행한 교사들이 각자의 학교에서 이를 실제로 적용해 봄으로써 그 성과와 한계를 알아보고자 했다. 그중 충남 홍성의 홍동중학교에서 실시한 내용을 바탕으로 작성되었다.

1. 홍동중학교 통합교육과정 운영 개요

홍동중학교가 있는 충남 홍성군 홍동면은 한반도 중서 해안에 접해 있는 홍성군의 동쪽에 위치한 조그만 면이다. 홍동면은 홍성군 전체 면적의 약 9%를 차지하고, 인구수는 2016년 기준 1,590여 세대 3,500여 명으로 군내 11개 읍·면 중 여섯 번째 크기이다. 벼농사 중심의 논과 채소를 주로 가꾸는 밭농사 등 전통적인 농업지역이면서도 축산 밀집 지역으로 한우와 젖소, 돼지, 닭 등 대규모 축산업이 발달했다.

친환경 농업으로 이름난 홍동지역 농민 활동가들은 1990년대부터 20여 년 동안 친환경 유기농업을 이끌고 있으며, 돌아오는 마을공동체 만들기 시범 사업도 성공적으로 수행하여, 전국에서 1년에 약 2만여 명이 견학을 오는 모범 지역으로 자리를 잡았다.

홍동중학교는 1971년에 충청남도교육청이 설립한 공립중학교이다. 농촌지역의 인구 감소와 맞물려 1980년에는 15학급, 학생 991명이었던 규모가 2008년에는 97명으로 줄어 4학급 혹은 3학급으로 축소될 위기에 처했다.

그런데 내부형공모교장(2007. 9. 1~2011. 8. 31) 및 농어촌전원학교

(2009~2011) 운영 기간에 지역사회와 함께하는 교육 활동을 통해 학생 수가 꾸준히 늘어 2017년 현재는 6학급(특수 학급 포함 7학급) 102명의 학생이 재학하고 있다.

홍동중학교는 2010학년도부터 '지역사회와 함께하는 푸른 꿈 교육'이라는 교육 목표를 바탕으로 다양한 체험활동과 교육과정 통합 활동을 시도하고 있다.

홍동중학교는 2008년부터 다양한 체험학습을 통해 학생들의 다양한 소질과 적성을 찾고 이를 키워 나가는 교육 활동을 전개해 왔다. 체험학습이 의미 없게 진행된 것은 아니었지만 2009년 교육과정평가회에서 '현장체험학습에 교과 내용을 담아 보면 어떻겠는가?'라는 문제가 제기되어, 2010학년도에는 몇 개의 교과가 결합하여 현장체험학습을 실시했다.

이와 같은 현장체험학습 활동은 2011년에도 이어졌으며, 2011학년도 교육과정평가회에서 다음과 같은 의견이 제시되었다.

첫째 체험학습에 교과교육과정 내용을 결합했지만 물리적인 결합의 수준이다.

둘째 기존의 문화유적 답사 중심의 현장체험학습을 주제 중심의 체험학습으로 바꾸는 역할을 했다.

셋째 교육과정 중심의 통합교육 활동이라면 평가를 도입하여 학생들의 부담도 줄이고 참여도를 높여 보자.

이와 같은 평가를 바탕으로 2012학년도에는 평가를 가미한 통합교육 활동을 실시하기로 의견을 모았다. 그리하여 충남교육연구소 교육과정 통합연구 모임의 의견을 바탕으로 홍동중학교 통합교육 활동은 목적과 방침을 세우고 보다 진전된 교육과정 통합 활동을 진행하게 되었다. 홍동중학교 교사들이 생각하는 통합교육과정의 목적은 다음과 같다.

첫째 통합교육과정을 통해 문제 해결력 향상과 통합적 사고력 신장에 도움을 주어야 한다.

둘째 공통 주제를 중심으로 한 교과 간 협력 학습으로 학습 효과를 증대시켜야 한다.

셋째 실질적인 학습 능력 향상을 통해 학생들에게는 배움과 발견의 기쁨을, 교사에게는 가르침의 보람을 형성하고자 한다.

넷째 과정을 통해 학생들의 잠재력을 계발하고 매력 있는 학생으로 키우는 교육 활동 강화에 그 목적이 있다.

이러한 목적을 바탕으로 통합교육과정 운영 방침은 다음과 같다.

첫째, 각 교과협의회 및 학년협의회를 통해 학년별, 학기별 주제를 선정하여 운영한다.

둘째, 학년별 3개 이상의 교과가 결합하여 교육과정을 구성한다.

셋째, 통합교육과정 활동을 각 교과별 평가에 반영한다.

넷째, 통합교육과정 운영은 단기적으로 프로젝트형 교과 통합 활동을 실시하되 장기적으로는 교과군 내, 또는 교과군끼리의 통합을 통해 학습량을 줄이면서 학습의 질을 높이는 방향으로 최대한의 교육과정 통합이 이루어지도록 한다.

2. 홍동중학교 통합교육과정 실제 운영 사례

홍동중학교 교육과정 통합 활동은 다학문적 통합 활동으로 이루어지고 있으며 구체적인 활동 과정은 학년 말과 학기 초 교육과정 운영 계획 수립 단계부터 대략 아래와 같은 절차로 이루어지고 있다.

STEP 1

교직원/교과협의회를 통해 교육과정 통합의 공통 주제 선정

2월 교사 정기 이동 직후 교직원협의회 및 학년별 교과협의회를 통해 전체 교과의 교육과정에 대한 분석과 교과별 성취기준을 확인하고, 교과별 공통 학습 요소가 있는 교과목 간 통합교육과정 운영에 관한 협의를 학년별로 실시한다. 가장 효과적으로 통합하려면 이 시기에 근접한 학습 요소를 확인하고 각 교과의 학습 내용을 포괄하는 주제 및 학교의 교육 목표를 포함하는 내용을 선정하는 것이 좋다. 홍동중학교 교육과정의 중심 줄기는 '생태와 환경', '더불어 사는 삶' 등이다. 이러한 학교 교육 목표와 각 교과목의 학습 내용이 포함된 주제를 선정하게 된다.

또한 교육과정 통합 활동을 연 2회(학기별 1회) 실시하는데, 주로 정기고
사에 대한 부담이 적은 6월과 11월 중에 실시한다.

STEP 2
공통 주제를 중심으로 통합교육과정 운영 교과 만들기

공통 주제가 선정되면 각 학년별로 공통 주제를 중심으로 통합교육과
정을 운영할 교과를 찾는다. 이때, 학년별 모든 교과가 결합하기는 불가
능하다. 공통 주제를 학습 내용으로 하는 몇 개 교과가 결합해서 통합
을 시도하면 통합 활동을 수월하게 할 수 있다.

홍동중학교는 초기에 학년의 대부분의 교과가 결합하는 형태에서 최
근에는 2~3개 교과가 결합하는 형식으로 바뀌고 있다.

STEP 3
교육과정 통합 활동 교과의 내용 분석과 공통 학습 요소 추출

통합교육과정을 운영할 교과가 결정되면 교과협의회를 통해 각 교과
의 내용 분석과 공통 학습 요소를 찾아낸다. 이때 통합 교과의 단원별
학습 요소 및 성취기준을 월, 주 단위로 작성해서 비교하면 쉽게 찾아
낼 수 있다. 각 교과별로 유사한 학습 내용이 서로 다른 시기에 조금씩
다른 성취기준으로 제시되고 있음을 알 수 있다.

STEP 4
교육과정 통합 활동의 하위 주제 선정

공통 주제가 선정되면 그 공통 주제를 구현할 하위 주제를 찾는 작업을 한다. 홍동중학교의 교육지표와 연결하여 교과별 성취기준을 폭넓게 다룰 수 있는 공통 주제와 하위 주제를 찾는다.

〈표 7-1〉 홍동중학교 교육지표와 결합된 1학년 교육과정의 공통 주제와 하위 주제

공통 주제	주제	하위 주제
생명	모두 아름다운 생명들	동식물, 물질, 인간, 웃음, 정서와 분위기, 격려, 대화, 상상, 삶, 세포, 영양, 물질대사, 광합성, 나, 가곡, 가창, 청소년 등
사회	함께 더불어 사는 사회	마을, 의사소통, 격려, 건의와 면담, 도시, 문화, 법, 디자인, 산업화, 인구 등
자연환경	함께 가꾸고 지키는 자연	지형, 지각, 자연, 에너지, 하천, 하늘, 땅, 재료, 물질, 산조, 오카리나, 타악기, 감상, 힘, 생명 등
문학	우리가 만들고 즐기는 문화	예절, 종교, 음악, 영화, 광고, 유행, 인터넷, 만화, 서예, 축제, 공공미술, 전각, 극음악, 민요, 대중가요 등
공존	더불어 함께	마을, 농촌, 문화, 여행, 생명 등

STEP 5
교육과정 통합 활동(Integrated activities) 선정

공통 주제와 하위 주제가 선정되면 과목별 교과 목표와 상호 연결성을 찾아 각 교과별 교과 목표와 성취 목표를 확인하고, 이를 달성하기

위한 활동 내용을 만든다. 통합 교과목 교사들이 함께 할 수 있는 통합 활동을 선정하는 것이 이 작업에 해당한다. 제시된 표는 '성장'을 공통 주제로 해서 실시한 학년별 통합 활동 내용이다.

〈표 7-2〉 홍동중학교 2013학년도 학년별 통합 활동 내용

학년	통합 활동 내용
1	자신의 꿈을 바탕으로 소통과 배려의 삶의 중요성이 담긴 그림자극 만들어 발표하기
2	자연을 관찰하고 생태와 인간의 관계에 대하여 표현하기
3	우리 전통문화에 대해 알아보고 외국인에게 우리 문화를 소개한다.

STEP 6

교육과정 통합 활동 템플릿 작성

통합교육과정을 실시하는 교과목의 통합 활동을 위한 연결망인 템플 릿을 작성한다. 템플릿에는 공통 주제, 하위 주제, 통합 활동을 바탕으로 하는 통합 교과목의 학습 목표와 평가기준이 제시된다. 템플릿 작성 과정을 통해 다른 교과의 학습 목표와 과제를 확인하고 학생들의 부담을 줄이면서 해당 교과의 성취 목표를 달성할 수 있도록 교과 간 상호 보완적인 학습 활동이 필요하다.

템플릿을 바탕으로 통합 활동 계획서 수립

통합 활동 템플릿이 완성되면 구체적인 시기와 각 교과별 통합교육과
정 운영 방법, 내용, 지도 시간 등 구체적인 계획서를 수립한다. 활동 계
획서에는 각 교과별로 통합교육 활동을 디데이로 해서 진행하는 교육
활동 내용이 구체적으로 담겨야 한다. 또 통합교육 활동을 위한 예산 계
획도 포함시켜야 한다.

과목별 학습 내용 재구성(학습 자료 제작 등)

통합 활동 내용이 결정되면 통합교육 활동을 위한 각 교과별 교과 내
용을 재구성해서 학습한다. 교과별로 통합 활동을 위한 학습 내용이 다
르기 때문에 소요 시간도 다를 것이다. 그림자극이 통합교육 활동으로
정해진 경우 국어과는 그림자극에 필요한 대본을 써야 하므로 희극에
관한 수업과 실제 대본을 쓰는 시간(물론 과제로 제시해도 무방함)이 필
요하다.

활동 실시와 교과별 과목 평가(Subject Assessment) 실시

통합 학습을 실시하는 과정 및 결과 보고서를 중심으로 각 교과별 평가를 실시한다. 평가는 교과별로 별도의 양식이나 통합 보고서 형태로 제시할 수도 있다. 홍동중학교는 교수·학습 활동 중에 이루어지는 평가를 참평가라고 생각한다. 통합 활동 전 과정을 살펴보고 평가가 이

〈표 7-3〉 2013학년도 통합교육과정 운영 흐름도

순	주제	시기	비고
1	2013 교육과정 수립을 위한 협의회를 통해 통합교육과정의 대주제인 '성장과 소통'에 맞는 올해의 학기별, 학년별 주제 설정 • 2013년 주제: 나와 세계 • 학년별: 1학년–나는 제대로 소통하고 있는가? 　　　　2학년–우리가 살고 있는 지역의 생태 탐구 　　　　3학년–나의 삶과 전통문화를 비교 탐구하자!	2012년 12월 말	
2	교육과정 통합 활동 참여 교과협의회를 통한 활동 내용 선정	2013년 2월 초	
3	교육과정 통합 활동 교과별 교육 목표와 과제를 추출	2013년 2월 중순	
4	교육과정 통합 활동 운영 계획서 작성 • 교육과정 통합 활동 참여 교과 및 통합 활동 내용 • 2013년 6월 12일 1학기 통합교육과정 활동 발표 • 2013년 10월 29일 2학기 통합교육과정 활동 발표 • 통합교과학습 산출물을 통한 통합 교과별 과목 평가안	2013년 3월 초	
5	교육계획 설명회, 학부모회 및 전교생 가정방문을 통하여 교육과정 통합 활동 홍보	2013년 3~4월	
6	교육과정 통합 활동을 실시하기 위한 각 교과별 교육 목표(Standards)와 연계한 교수·학습 활동 수립	2013년 5~6월	
7	교과 통합 활동을 위한 현장체험학습 계획 수립 (학부모 안내 포함)	2013년 6월 초	
8	현장체험학습 실시 • 통합 교과 교사 인솔 • 통합 교과 활동 평가를 위한 모둠별 보고서, 작품 제출	2013년 6월, 12월	
9	통합 교과별 과목 평가 실시(수행평가 반영)	2013년 6월	
10	교육과정 통합 활동 평가(부서 및 2013 교육활동평가회)	2013년 12월	

루어져야 진정한 평가라는 것이다. 기준이 명확하지 않다면 교과별 통합 활동과 관련한 보고서나 활동 자료를 평가해도 좋다.

위 단계를 기본으로 2013학년도 1학기 통합교육과정 운영을 위한 기본 흐름도를 교육 계획서에 담았다. 이로써 전체 교사가 통합교육 활동의 진행 과정을 이해할 수 있도록 했다.

다음은 2013학년도 홍동중학교 1학년 교육과정 통합 활동 운영 내용이다.

〈표 7-4〉 2013학년도 홍동중학교 1학년 교육과정 통합 활동 운영 내용

교육과정 통합 활동 운영

1. 대상: 1학년

2. 통합 활동: 나를 둘러싼 삶을 바탕으로 대본 만들어 그림자극 하기

3. 지도교사: 김○○, 양○○, 조○○, 남○○

4. 일정

시간	활동 내용	장소	담당	비고
08:50 ~09:00	조회 및 통합교육과정 안내	교실		
09:00 ~12:00	소통과 협력을 위한 게임	해마루		
12:00 ~13:00	한마음으로 준비하는 점심식사 (조별로 준비한 음식을 한곳에 모두 모아 비벼서 나누어 먹는다.)	해마루		
13:00 ~16:50	그림자 인형극 공연 준비 및 발표	해마루		
16:50 ~17:00	하루 활동 소감 발표 및 뒷정리	교실		

5. 통합교육과정 활동

가. 방법
   1) 각 학급을 6개 모둠으로 나누어 활동할 수 있도록 지도
   2) 교육과정 통합 활동 시 학생들이 조별로 그림자극을 만들 수 있도록 교과별 사전
      수업 실시

나. 활동 내용
   1) 국어과: 진로를 포함한 교과 학습 내용을 바탕으로 그림자극 대본 쓰기

활동 내용	관련 단원	비고
소통과 배려의 삶에 대한 의미 있는 학습 체험을 바탕으로 감동과 즐거움을 주는 인형극 대본을 쓸 수 있다.	생각과 마음을 나누는 글	

   2) 수학과: 3차원을 2차원으로 만들어 주는 빛과 그림자

활동 내용	관련 단원	비고
3차원 입체도형을 빛에 비추면 2차원 평면도형(그림자)이 되는 것을 알 수 있다.	평면도형과 입체도형	

   3) 진로: 나를 둘러싼 환경 이해하기

활동 내용	관련 단원	비고
자신에 대한 다각적 이해를 토대로 자신에게 적합한 장단기 진로를 탐색한다.	나의 발견	

통합교육 활동 운영을 하면서 교사와 학생들의 통합교육 활동에 대한 의견을 들어 보면 다음과 같다. 먼저 교사들의 이야기를 종합해 보았다.

첫째 지금까지 다른 교과의 학습 내용을 볼 기회가 없었는데 통합교육 활동을 하면서 다른 교과의 학습 내용과 성취수준을 확인

할 수 있었다. 서로 유사한 학습 내용과 성취수준을 발견하고 놀라웠다.

둘째 동료 교사와 대화를 나눌 때 주로 학생의 생활지도 문제가 큰 주제였다면, 통합교육 활동을 하면서 나누는 대화는 교육과정, 교육 활동 및 평가와 관련된 내용으로 대화의 폭이 넓어졌다.

셋째 이를 통해 수업혁신에 관한 내용이 자연스럽게 등장하게 되었다. 통합교육 활동의 목적이 통합적 사고력 신장이라면 개별 교과의 내용을 이해하고 이를 바탕으로 다른 내용을 결합하려면 개별 교과에 대한 학습이 잘 이루어져야 한다. 이를 위해서 개별 교과 지도교사들의 고민이 시작되는 것이다.

학생들의 입장에서 바라보면 더욱 흥미롭다.

첫째 학생들은 많은 교과가 결합해서 진행하는 통합교육 활동보다는 몇 개의 교과가 통합교육 활동을 했을 때 더 효과가 있다고 여겼다.

둘째 조별로 각자의 역할을 찾아 주어진 과제를 수행하는데, 학생들은 어떤 친구는 교과 공부는 부족하지만 조별 발표를 위한 PPT 제작을 잘하고, 다른 친구는 UCC 제작에 탁월한 재능을 보이고, 또 다른 친구는 발표 내용을 아주 재미있게 잘 전달한다고 생각했다. 이는 교과 중심의 교육과정에서 드러나지 않던 학생들의 재능과 적성을 찾아가는 중요한 계기가 되기도 한다.

셋째 학생들은 교사가 기대한 것을 넘어서는 통합교육 활동 결과를 만들어 내곤 했다. 2012학년도 1학년 통합교육과정 활동(주제: 환경)에서는 조별 발표회 시간에 교사들의 기대를 뛰어넘는 결론이 나왔다.

〈표 7-5〉 홍동중학교 통합교육과정 운영 사례

	**〈교과별 통합교육과정 운영〉** - 각 교과별 "나를 둘러싼 삶"에 관한 수업 실시 - 수학과는 도형에 관한 영화 〈플랫랜드〉를 보고 평면도형과 입체도형의 관계를 이해하고 입체도형이 그림자로 평면도형이 됨을 알게 한다. - 국어과에서는 조별로 선정된 주제로 그림자극 대본 쓰기를 하도록 지도한다. - 조별 활동을 통해 의사소통 능력, 역할 분담 등 교육적 효과를 볼 수 있다. ※ 각 교과는 통합교육활동에 초점을 맞추어 수업을 진행하되 교과의 성취수준을 고려하여 진행한다.
	**〈소통과 협력을 위한 놀이〉** - 소통과 협력을 위한 놀이 - 학교별로 다양한 방법을 시도할 수 있다. - 조별 활동을 통해 상황에 맞는 소통 방법과 주어진 과제를 해결하기 위한 협력을 배운다. ※ 소통과 협력을 위한 놀이에서는 서로 경쟁을 통해 상대를 이기는 게임은 지양하는 것이 바람직하다.
	**〈한마음으로 준비하는 점심식사〉** - 밥, 고추장, 참기름은 학교에서 준비 - 각자 준비해 온 반찬으로 조별 비빔밥을 만든다. - 우리나라 다문화 정책이 용광로에서 비빔밥으로 변화된 것에 대해 설명해 준다. - 뒷정리까지 조별로 해결하면서 소통과 협력의 경험을 배운다. ※ 점심식사를 소재로 '다문화 정책'에 관해 학생들과 이야기를 나누어도 좋은 교육적 소재가 된다. 아이들이 알기 쉬운 용어로 표현하면 "용광로 정책"과 "비빔밥 정책"으로 나눌 수 있는데 용광로 정책은 외국인을 한국인으로 만들기 위한 프로그램이고, 비빔밥 정책은 각 인종별 특성을 살려 어울림을 강조하는 정책이라고 볼 수 있다.

〈그림자극 대본 작업〉

- 조별로 작성한 대본 마무리 작업
- 등장 대상에 대한 성우 선정과 연출자 선정
- 대본을 통해 전달하려는 핵심 주제에 대한 협의
- 무성영화를 통해 성우와 연출의 조화를 생각한다.
※ 그림자극 대본 작업은 주로 국어과에서 담당하는 것이 교
  과 성취기준과 어울린다고 볼 수 있다. 대본 작업을 할 때,
  각 조별로 학교 교육에서 다루고 싶은 주제를 다르게 제시
  하여 학생들이 주제에 대한 학습과 교과 성취기준을 동시
  에 만족할 수 있다.

〈그림자극에 필요한 대상 만들기〉

- 그림자극에 등장할 대상 만들기 작업
- 대상을 만들고 일정한 높이를 확보하기 위해 나무젓가락
  으로 대상을 고정시킨다.
- 햇빛을 이용하여 빛을 통과하여 나오는 모습을 보고 수정
  작업을 한다.
※ 미술 교과에서 사전 스케치를 한 대상을 오려서 나무젓가
  락에 붙이는 작업을 한다. 이때 빛을 투과하는 모양을 보
  면서 색상을 선택한다.

〈그림자극 상영〉

- 조별로 각기 다른 그림자극을 상영한다.
- 상영을 종료한 후에 조별로 평가의 시간을 갖는다.
- 통합교육과정을 운영한 교과별로 제시된 수행평가를 조별
  로 완성한다.
※ 그림자극을 관람할 때는 학생들이 공연 관람 수준의 태도
  를 유지하도록 지도가 필요하다.

지금부터 1학년 2반 제4조 발표를 시작하겠습니다.

(중략)

발표자 저희가 이번 주제를 연구하면서 내린 결론은 다음과 같습니다. "너무 편하게 살려고 하지 말자입니다."

편하게 살려고 하면 할수록 우리가 사는 환경을 파괴하게 되니 환경을 지키기 위해서는 조금의 불편은 감수합시다.

학생 1 (고개를 끄덕이며 호응)

학생 2 그럼 과자도 만들어 먹어야 합니까? (모두 웃음)

학생 3 나는 만들어 먹는 과자가 제일 맛있어.

이는 홍동중학교가 생각하는 통합교육과정의 성과를 뛰어넘는 의식의 변화이다.

교사와 학생들의 이러한 의견을 바탕으로 홍동중학교에서는 다음과 같은 통합교육 활동에 관한 제언을 할 수 있다.

첫째 모든 교육 활동이 그렇듯이 교사들의 의지가 가장 중요하다. 학년 말과 학기 초에 충분한 논의와 협의를 거친 후에 통합교육과정 운영을 준비해야 한다. 그렇지 않으면 주제가 있는 체험학습과 유사하게 진행될 수밖에 없다.

둘째 홍동중학교는 지금까지의 통합교육과정 운영을 통해 학기당 1회, 전 학년 동시 진행하는 통합교육 활동에 대한 교사와 학생들의 평가를 바탕으로 2~3개 교과에서 교육과정 통합교육 활동이 수시로 이루어지는 방법으로 전환하고자 한다. 각 학교별 상황은 다르겠지만 우선 교과 내용 통합에서 시작해서 가치 중심의 통합으로 전개해 보기를 권한다.

셋째 학생들의 통합교육 활동에 대한 이해를 충분히 높이고, 학생들이 개별 교과에서 느끼지 못한 통합의 느낌을 갖도록 교과와 비교과 활동에서 통합과 관련된 학습이 정교하게 조직, 운영되어야 한다.

| 8장 |

신능중학교 통합교육과정
운영 사례[3]

이 장에서도 통합교육과정에 관한 연구를 수행한 교사들이 실제로 학교에 적용해 본 사례를 살펴보았다. 7장의 홍동중학교 이야기에 이어 이번에는 경기도 고양시의 신능중학교에서 실시한 내용을 바탕으로 작성되었다.

1. 통합교육과정 운영을 하게 된 배경

    신능중학교는 경기도 고양시에 위치하고 있으며 1996년 개교한 25학급 규모의 공립중학교이다. 신도시 후발주자 학교로서 2011년도까지는 학생들의 선호도가 높지 않았다. 학교폭력 실태조사 설문에서 응답률이 매우 높게 나오는 등 학생 생활지도가 어려운 학교로 인근 학부모들과 학생들에게 인지도가 낮았다. 그래서 교사들이 힘을 합쳐 학생 생활지도의 어려움과 학급 수 감소에 따른 업무 과중 문제를 해결하기 위해 혁신학교를 준비했고, 2013년 경기도교육청 지정 혁신학교에 선정되었다. 혁신학교를 시작하면서 다양한 활동과 변화를 주었지만 기대만큼 큰 변화는 일어나지 않았다. 혁신의 방향을 수업과 교육과정으로 '선택과 집중'을 하자는 의견이 나왔고, 초빙 교사 중 수업 성찰 관련 공부를 한 교사들 중심으로 교사 수업 공개 나눔을 하게 되었다.

    수업 나눔 활동을 통해 다른 교과의 수업을 이해하게 되고 수업을 나

---

3. 이 장은 이 책의 공저자인 김성수(2016), 「학교 주제통합수업 운영에 대한 실행연구(Action Research)」, 경희대학교 석사학위 논문 일부를 수정 보완한 내용이다.

누는 동료 교사로서의 관계가 만들어졌다. 그 영향으로 혁신학교 운영은 점점 안정화되었다. 교사들 사이에서 수업 계획에 대한 정보를 나누는 문화가 익숙해지면서 새로운 아이디어로 수업을 계획하는 교사들이 생겨났다. 2014년 1학기 전 학년 사회과 통합교육과정인 '월드컵 프로젝트'가 사회과 교사들의 자발적인 의지로 진행되었다.

2014 월드컵 기간에 1, 2, 3학년 사회, 역사 시간에 출전 32개국을 놓고 모둠별로 제비뽑기를 하여 그 나라의 역사, 사회 문제를 주제로 다루는 수업을 실시했다. 1학년은 그 나라 기행문 만들어 보기, 2학년 사회과는 그 나라 사회문제 조사하기, 3학년 역사과는 해당 나라 역사를 조사해서 발표하고 모둠신문을 만들어 보는 것이었다. 이 수업을 통해 교사들은 학생들이 관심 있어 하는 내용이나 행사를 소재로 교과 내용을 재구성해서 가르쳤을 때, 학생들이 기존 수업과는 전혀 다른 반응을 보이고 수업 참여도가 상당히 높아지는 것을 경험했다. 또 그전에는 없었던 교과를 뛰어넘는 협의 과정을 경험하면서 타 교과와의 협의에 대해 긍정적인 인식을 하게 되었다.

2. 통합교육과정 운영 실제

1) 1차 통합교육과정 운영

가. 필요성에 대한 공감대 형성을 위한 노력/공통 주제 선정

통합교육과정을 운영하는 데 어려움은 우선 함께 하는 교사들을 설득하는 작업이었다. 수업 성찰 및 나눔회를 통해 전문적 학습공동체가 활성화되어 교과를 뛰어넘어 협력하는 문화가 나타나기 시작했지만 통합교육과정을 해 본 교사는 없었다. 경험도 없고 필요성을 느끼지도 못한 교사들이 대부분인 상황에서 통합교육과정의 필요성과 중요성을 부각시키고 추진하는 원동력을 만들어 내는 것은 쉽지 않았다.

통합교육과정을 운영해 보거나 이전 학교에서 경험해 본 교사가 없었기 때문에 시작하기 이전에 다양한 방법으로 논의하는 과정이 필요하다고 판단했다. 그래서 총 5단계의 협의 과정을 진행했다.

1단계는 핵심 교사 협의회에서 간단하게 통합교육과정을 진행하려는 의도와 과정을 소개하고, 전 교사에게 제안했을 때 예상되는 반응과 어려움 등을 편하게 이야기하는 시간을 가졌다.

2단계는 관심 있는 교사들이 참여할 수 있는 토론회를 실시했다. 토론회는 외부 전문가의 발제 후 통합교육과정의 의미와 가치, 과정 등에 대한 설명을 듣고 질의응답 시간을 가졌다.

3단계로 전 교사가 의무적으로 참여하는 교사 연수를 했다. 이 역시 외부 전문가의 강의를 통해 중학교 교육과정과 수업에서 통합교육과정이 차지하는 의미, 혁신학교에서 왜 통합교육과정을 해야 하는지에 대한 설명을 들었다.

4단계는 교과 내용을 재구성해서 수업을 하고 있는 다른 학교 교사들을 초대해서 교과군을 나누어 연수를 진행했다. 통합교육과정을 제대로 만들려면 교과서 위주로 가르치는 것에서 탈피해 새롭게 구성해야 한다는 관점의 변화와 기획력이 필요하기 때문이었다.

5단계는 전 교사가 1박 2일 하계 방학 워크숍 시간에 주어진 템플릿에 맞추어 학년별로 통합교육과정을 계획하는 시간을 가졌다.

교육과정 재구성 토론회, 전 교사 교육과정 재구성 연수, 교과별 연수를 진행한 후 통합교육과정의 필요성과 진행 절차에 대한 공감대가 형성되었다.

다음으로 중요한 문제는 '어떤 주제로 통합할 것인가?'였다. 공통 주제를 선정할 때는 '주제가 교육적 의미가 있는가?', '통합할 가치가 있는가?', '공통 주제가 교사뿐 아니라 학생들에게도 흥미로운 주제인가?'를 기준으로 판단해서 결정했다. 모든 교사가 모여서 한 가지 주제로 의견을 모으기는 어렵기 때문에 핵심 그룹 교사가 모여 발산적 사고를 할 수 있는 브레인스토밍을 진행했다.

이러한 과정을 거쳐 교사, 학생에게 익숙하면서 교과에서 접목하기 적합한 공통 주제로 '의리'를 선정하고, 운영을 제안하기로 했다. 그 후 교사 워크숍에서 교과 내용과 접목시킬 수 있으면서 '의리'라는 포괄적인 공통 주제에 맞는 하위 주제를 학년별로 결정하고, 교과별로 교육 내용을 선정하기로 했다.

나. 공통 주제를 중심으로 학년별·교과별 세부 계획 수립

전 교사의 1박 2일 하계 연수 중 핵심 그룹에서 선정한 '의리'라는 공통 주제를 가지고 학년별 통합교육과정 계획을 작성했다. 공통 주제와 연결되면서 2학기에 가르칠 교과 내용을 접목할 수 있는 하위 주제를 선정하고, 그에 따른 교과별 과제, 교육 목표 및 통합 활동, 평가 내용과 방법을 선정했다.

1학년은 과학에서 먼저 광합성 단원이 있으므로 자연환경을 연결해서 아이들이 직접 식물을 키우면서 관찰하는 활동을 해 보면 좋겠다는 의견을 제시했다. 그에 맞춰 미술에서 재활용품을 이용한 화분 만들기를 하고, 국어에서는 관찰 보고서 쓰기, 수학에서는 관찰 보고서에 나오는 수치를 가지고 도수분포표를 만들어 보기로 했다. 이러한 활동을 포괄할 수 있는 하위 주제로 '자연과 인간의 의리의리한 삶'이란 연결 주제를 선정했다. 하위 주제가 선정되고 나서 음악, 미술, 영어 등 '식물 키워 관찰 보고서 쓰기' 통합 수업에 포함되지 않은 교과들은 '자연과 인간의 의리의리한 삶'을 연결할 수 있는 수업 내용을 선정해서, 통합된 활동은 없지만 시기를 맞추어 가르치기로 했다.

2학년은 역사에서 조선 말 일제 강점기 역사를 가르치고, 도덕에서 위안부 문제를 다루고, 국어는 주장하는 글쓰기를 가르치면서 일제 강점기 위안부 문제를 집중해서 다루면서 '사회적 약자와의 의리'라는 하위 주제로 운영해 보기로 했다. 이에 따라 수학은 도형 단원과 연결해서 장애인에게 필요한 시설이나 물건에서 도형적인 부분을 찾아내는 수업을 계획했고, 과학은 감각 단원과 연결해서 장애인을 위한 발명품을 구상해 보기로 했다.

3학년은 입시로 인해 수행평가가 일찍 끝나 통합 활동 후 수행평가를 하는 데 어려움이 있어, 친구와의 의리를 주제로 하되 수행평가와 연결 짓지는 않기로 했다.

1차 실행 계획 세우기 장면

1학년 통합교육과정 운영 계획

'자연, 환경과 공존하는 인간의 의리의리한 삶'

1. 목표

- 통합교육과정 운영을 통해 교과 간의 연계성을 찾고, 학생들에게 학습의 연계성을 갖게 한다.
- 학생들의 참여와 협력을 통한 문제해결식 프로젝트를 진행함으로써 사고력을 신장시킨다.
- 자연과의 의리(공존)를 주제로 한 활동을 통해 자연의 소중함을 깨닫고 자연과 인간의 공존적 삶의 필요성을 알게 한다.
- 자연을 느끼고 환경을 생각하며 친환경적 삶을 실천할 수 있는 태도를 갖게 한다.

2. 교과별 세부 목표

교과	세부 목표
국어	• 설명 방법을 파악하며 설명하는 글을 읽을 수 있다. • 설명 방법에 맞는 글을 쓸 수 있다. • 여러 가지 설명 방법을 적용하여 보고서를 작성할 수 있다.
미술	• 재활용품을 이용한 화분을 만들 수 있다. • 아름다움이 있는 화분으로 탈바꿈할 수 있다. • 독특한 형태의 화분으로 만들 수 있다.
과학	• 광합성에 영향을 주는 요인을 찾을 수 있다. • 광합성이 잘 일어나는 조건을 찾아 식물을 기를 수 있다. • 식물의 성장 과정을 관찰할 수 있다.
수학	• 주어진 자료를 이용하여 도수분포표를 만들고 자료를 분석할 수 있다.
도덕	• 환경의 중요성을 알고, 환경 파괴의 원인과 실상에 대해 설명할 수 있다. • 소비가 환경에 미치는 영향을 이해하고, 환경을 생각하는 소비를 실천할 수 있다. • 환경 문제 해결을 위한 구체적인 실천 방안을 알고, 이를 생활 속에서 실천할 수 있다.

한문	• 환경과 관련된 한자 단어의 뜻을 이해하고 문장 속에서 활용할 수 있다.
사회	• 세계화 시대에 자연환경 파괴 사례를 말할 수 있다. • 환경을 생각하는 친환경적인 개발 사례를 조사하여 발표할 수 있다. • 자연환경 파괴와 친환경 개발 사례를 조사해서 생태신문 만들기를 통해 환경을 생각하는 태도를 갖는다.
영어	• 날씨 등을 설명할 때 비인칭 주어를 사용할 수 있다. • when의 의미를 알고 적절하게 사용할 수 있다. • 영어로 가을의 날씨를 묘사하는 시를 쓸 수 있다.
음악	• 다양한 시대의 음악을 듣고 악곡의 특징을 이야기할 수 있다. • 악곡을 듣고 그 느낌을 표현할 수 있다.
체육	• 인간이 자연과 공존해 살아가야 하는 것은 선택이 아니라 필수라는 점을 알 수 있다. • 트레킹에 흥미를 갖고 자연과 더불어 살아가는 공존의 태도를 기를 수 있다.
기술 가정	• 발명 아이디어 발상법 및 발명 기법을 알고 활용할 수 있다. • 친환경 제품에 대한 창의적인 아이디어를 발상할 수 있다. • 요리 실습을 하면서 음식물 쓰레기를 줄일 수 있다.

2학년 통합교육과정 운영 계획

'사회적 약자를 배려, 공감하며 실천하는 사회정의'

1. 목표

- 주제통합교육과정 운영을 통해 교과 간의 연계성을 찾고, 학생들에게 학습의 연계성을 갖게 한다.

- 학생들의 참여와 협력을 통한 문제해결식 프로젝트를 진행함으로써 사고력을 신장시킨다.

- 사회 구성원의 의리(사회정의)를 주제로 한 활동을 통해 사회 구성원의 협력과 배려의 필요성을 알게 한다.

- 사회적 약자에 대한 공감과 배려, 공정한 경쟁을 통해 사회정의를 실천하는 태도를 갖게 한다.

2. 교과별 세부 목표

교과	세부 목표
도덕	• 사회정의의 의미와 중요성을 이해하고 불공정한 사회 제도를 해결하기 위한 방법을 설명할 수 있다. • 공정한 경쟁의 의미와 조건을 이해하고, 공평하게 경쟁하는 사회를 만들기 위해 노력할 수 있다. • 공감과 배려를 통해 사회적 약자의 인권을 보장하는 자세를 지닌다.
국어	• 논증 방식을 파악하며 주장하는 글을 읽을 수 있다. • 근거를 바탕으로 주장하는 글을 쓸 수 있다. • 논증의 방식을 배울 수 있다.
역사	• 일제 강점기 위안부의 역사를 알 수 있다. • 위안부에 관련된 현재의 역사를 파악할 수 있다. • 일본의 망언과 반박 근거를 조사하고, 학생으로서 할 수 있는 일을 찾아 실천할 수 있다.
과학	• 감각기관의 구조와 기능을 익히고 조절작용이 일어나는 과정을 설명할 수 있다. • 감각기관의 이상으로 장애를 가진 사람들의 다양한 유형을 알아본다. • 장애인의 감각기관을 대신할 수 있는 도구가 어떤 것이 있는지 조사해 본다.
일본어	• 『오체불만족』의 발췌 글을 읽고 난 후 감상문을 쓸 수 있다. • 사회적 약자에는 어떤 사람들이 있는지 조사해서 발표할 수 있다. • 사회적 약자를 위해서 할 수 있는 일에 대해 쓸 수 있다.
체육	• 경기 규칙에 대한 이해를 바탕으로 스포츠맨십을 실천할 수 있다. • 경기 규칙에 따라 경기를 함으로써 준법정신과 협동심을 함양할 수 있다.
영어	• 『The Paper Bag Princess』를 읽고 전체 내용을 파악할 수 있다. • 일정 Discussion Topic에 대해 의견을 주고받을 수 있다. • 본인의 의견을 주장하는 Essay를 작성할 수 있다.
정보	• 주어진 문제를 해결하기 위한 다양한 해결 방법을 찾을 수 있다. • 다양한 문제 해결 방법 중 최적의 해결 방법을 선택할 수 있다. • 사회적 약자를 보호할 수 있는 제도를 검색하여 보고서를 작성할 수 있다.
기술 가정	• 사회적 약자를 배려하는 마음을 표현할 수 있는 문구(머리글자), 기호 등을 정하여, 이를 파우치에 바느질로 새길 수 있다.
수학	• 생활 속에서 사회적 약자를 배려한 시설물(건축물, 생활도구, 편의시설)을 찾아볼 수 있다. • 사회적 약자를 위한 시설물에 수학적 원리(경사로, 각의 크기, 수평거리 등)를 적용해 보거나 그 속에서 여러 가지 도형을 찾아볼 수 있다.

3학년 통합교육과정 운영 계획

'스포츠맨십 / 함께하는 사람들과의 의리 (가족, 친구, 사회)'

1. 목표

- 주제통합교육과정 운영을 통해 교과 간의 연계성을 찾고, 학생들에게 학습의 연계성을 갖게 한다.
- 학생들의 참여와 협력을 통한 문제해결식 프로젝트를 진행함으로써 사고력을 신장시킨다.
- 다양한 관계에서 의리를 지키는 것이 무엇인지 알고 실천하게 한다.

2. 교과별 세부 목표

교과	세부 목표
국어	• 의리를 주제로 다양한 장르의 표현 방식을 사용하여 작품을 만들 수 있다. • 각각의 표현 방식에 필요한 기본 개념을 알고 활용할 수 있다.
영어	• 의리와 관련된 영어 단어를 브레인스토밍할 수 있다. • 영영사전을 이용하여 의리와 관련된 단어를 찾을 수 있다. • 의리와 관련된 영어 단어의 영영풀이 뜻을 이해하고 파악한다.
수학	• 통계 관련 이론을 이용하여 스포츠맨십 주제로 자료를 조사할 수 있다. • 주어진 자료를 정리하여 분석할 수 있다.
과학	• 세포분열, 유성생식과 무성생식, 수정과 발생을 이해함. • 올바른 성의 역할과 가치를 이해하게 하여 건전한 성 정체성을 이룸. • 임신과 출산 과정을 배우며 부모님의 사랑을 느낌.
사회	• 정치·경제적으로 사회에 의로운 활동을 한 인물을 찾아본다. • 의로운 활동의 사례를 알아본다. • 의로운 활동을 한 인물을 조사하면서 느낀 점을 서술해 본다.
역사	• 역사에 의리 있게 행동한다는 의미에 대해 이야기할 수 있다. • 역사 인물을 현재에 재해석하여 표현할 수 있다. • 역사 앞에 의리 있는 삶을 살기 위한 실천을 할 수 있다.
음악	• 축제 연습을 통해 급우들과 한마음이 될 수 있다. • 연습 시 서로를 배려하고 협력하는 마음을 배운다.

미술	• 조형 요소인 점, 선, 면을 활용하여 작품을 제작할 수 있다. • 친구의 특징과 설정한 캐릭터에 맞게 표현할 수 있다. • 모둠원들의 개성을 살려 친구의 모습을 실제 사이즈(등신상)로 표현할 수 있다.
체육	• 체육대회 연습을 통해 학급 친구들과 협동할 수 있다. • 연습 시 학급 친구를 배려하고 함께 이해할 수 있다. • 경기의 승패를 떠나 정정당당하게 경기에 임할 수 있고, 스포츠맨십을 배울 수 있다.

다. 통합교육과정 운영

1학년은 '자연과 인간의 의리의리한 삶'이라는 연결 주제로 과학, 미술, 수학, 국어 교과의 식물 키우고 관찰 보고서 쓰기 통합 활동과 그 외 교과의 생태 환경을 소재로 한 통합교육과정이 운영되었다. 과정은 미술과의 재활용품으로 화분을 만드는 활동에서 시작되었고, 여기까지는 계획대로 진행되었다. 이후 과학과에서 미술 교과 시간에 만든 화분에 개별 식물을 심고 성장하는 과정을 관찰하며 보고서 쓰기를 진행했다. 관찰 보고서가 완성될 때까지 수학, 국어 교과는 기다렸다.

그런데 이 과정에서 교사들이 미처 예상하지 못했던 어려움이 발생했다. 가을에서 겨울로 넘어가는 시기에 식물이 잘 자라지 않는다는 것을 생각하지 못했던 것이다. 화분에 식물을 심은 지 일주일이 지나도록 식물은 성장하지 않았고 열매도 맺히지 않아 관찰일지에 식물의 성장 과정을 기록하려던 활동은 이루어지지 않았다. 작성된 관찰 보고서를 토대로 식물의 성장 과정을 보고서와 도수분포표를 작성하려던 국어, 수학과의 활동도 계획한 만큼 이루어지지 못했다. 이 과정에서 자연스럽게 통합교육과정의 중심 교과 역할을 하게 된 과학 교사는 식물이 잘

1학년 재활용품 화분 만들기와 식물 성장에 대한 보고서 쓰기

자라지 못한 것에 책임을 느끼며 심적 어려움을 겪었다. 11월로 넘어가
자 식물들은 더 이상 자라지 않았다. 자연스럽게 학생들은 학습 활동에
흥미를 잃었다. 그 결과 수학과의 도수분포표 및 히스토그램 작성, 국어
과의 보고서 쓰기에 활용되는 데 충분한 자료의 역할을 하지 못했기 때
문에 처음 계획했던 교육적 효과는 나타나지 않았다.

2학년은 '사회적 약자와의 의리'라는 하위 주제를 중심으로 통합교육
과정이 운영되었다. 도덕과에서는 위안부 할머니들의 이야기를 다룬 『꽃
할머니』라는 동화책을 함께 읽고 위안부 할머니에게 응원 편지를 쓰는
수업을 진행했다. 역사과에서는 3학년에 배울 조선 말 역사를 2학년으
로 앞당겨 일제 강점기에 대한 역사 수업을 진행했다. 국어과에서는 도
덕과와 역사과에서 배운 내용을 바탕으로 일본에게 위안부 문제에 대
해 항의하는 주장하는 글을 쓰는 활동을 진행했다. 이처럼 역사과, 도덕
과, 국어과가 유기적으로 연결된 통합교육과정은 1학년 활동에 비해 원
활하게 진행되었다.

한편 수학과, 과학과에서는 '장애인 인권'을 주제로 한 수업을 진행했

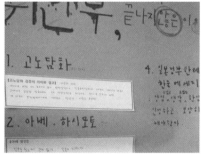

2학년 위안부 할머니께 응원 편지와 주장하는 글쓰기

다. 과학과에서는 교과 내용 중 감각기관이 포함되어 있어 감각기관들의 역할과 기능, 세부적인 내용에 대해 학습한 후 이상이 생긴 장애인들에게 도움을 줄 수 있는 발명품에 대한 아이디어를 창안하는 활동이 진행되었다. 수학과에서는 도형 단원과 연계하여 장애인을 위한 편의시설에 담긴 수학적 원리를 탐구하는 활동이 진행되었다. 또한 핸드폰 검색을 활용하여 진행하는 형태의 수업으로 진행되었다. 과학과는 학생들이 다양한 아이디어를 제안하여 어느 정도 성공을 거두었다는 평가가 나왔다. 하지만 수학과는 도형 단원과 편의시설을 연계할 수 있는 내용이 중학교 수준에서는 휠체어가 이동할 수 있는 보행로의 기울기를 찾는 정도밖에 없어서 다양한 내용들이 나오지 않았다.

3학년은 '친구와의 의리'라는 주제로 진행했다. 미술과에서 점·선·면을 이용한 모둠별 등신상等身像 그리기를 했다. 미술 수업에서 점·선·면으로 이루어진 미술 작품을 감상하고 점 모둠별로 한 명씩 정해서 점·선·면의 느낌을 활용하여 등신상을 그렸다. 영어과에서 영영사전을 이용하여 의리와 관련된 단어를 찾아 뜻을 이해하고, 가장 소중하다고 생각하는 단어를 프린트해서 등신상과 함께 전시하는 수업을 진행했다. 완성된 작품들은 복도에 전시해서 아이들에게 큰 볼거리를 제공했다. 다른 교과의 경우 계획은 했으나 2학기 고등학교 입시 과정과 수행평가가 마무리되어 학생들에게 동기부여가 되지 않아 계획대로 진행되지 못했다.

라. 1차 통합교육과정 운영에 대한 평가 및 반성

1차 통합교육과정 운영을 마무리하고 전 교사 평가회, 핵심 그룹 평가회, 설문 조사를 통해 평가 및 소감을 나누었다. 필요성에 대한 공감대 형성과 처음 시행하는 방식에 따르는 어려움을 해결하기 위해 여러

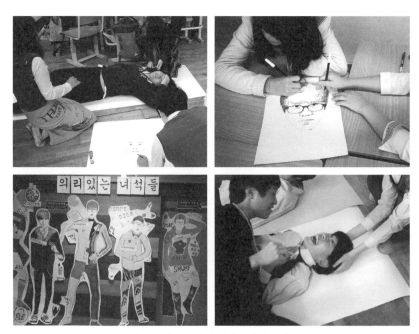

3학년 등신상 그리기 장면과 전시된 작품

준비 과정을 다양하게 진행했다. 하지만 실행 후 통합교육과정에 대한 평가는 부정적이었고 여러 가지 문제점들이 제기되었다.

(가) 익숙하지 않은 방식에 대한 거부감

계획 수립 후 실행할 때까지 3개월 동안 좀 더 세밀한 계획과 협의 과정이 있었어야 함에도 그런 기회를 갖지 못해 어려움이 많았다는 의견이 제기되었다. 통합교육과정 운영 시작 바로 전과 진행하는 과정에서 협의할 기회를 갖지 못하다 보니 수업에 대한 만족도가 떨어졌다. 사전 연수에서 생겨났던 새로운 수업 방법에 도전해 보겠다는 분위기는 가라앉았고, 새로운 방식의 필요성에 대해 반신반의하는 분위기가 확산되었다.

왜 해야 되는지에 대한 충분한 공감이 없었다는 이야기는 통합교육과정에 주도적으로 참여했던 교사들에게서까지 나왔다. 이것은 기대한 만큼 수업 준비를 못한 상태에서 수업을 진행한 것에 대한 불편한 마음이 통합교육과정 운영에 대한 거부감으로 나타난 것으로 보인다. 교사가 수업에서 새로운 것을 시도했을 때 학생들의 반응이 좋지 않다는 것은 상당히 스트레스를 받는 일이다. 그로 인해 기존 수업 방식이 마음에 들지 않아도 교사들은 새로운 것에 도전하기보다는 익숙한 방식의 수업을 선호한다. 수업의 경로 의존성path dependency은 새로운 수업 방식에 대한 도전이나 긍정적 수용보다는 부정적 인식이나 거부로 나타났다. 이는 통합교육과정 운영에서 가장 큰 어려움이었다. 수업에서 '유능'하다고 인정받는 것은 교사에게 중요한 욕구이다. 충분히 준비되지 못한 상태에 해 보지 않은 방식의 수업을 진행해야 된다는 두려움이 있다. 하지만 동료 교사들의 실행 과정을 지켜보고 용기를 내어 어렵게 실행했을 때 학생 반응이 나쁘지 않거나 또는 좋은 반응이 나오면 매우 높은 성취감과 만족감을 경험할 수 있다. 이러한 경험은 교사의 전문성 신장에 상당히 중요한 기회가 된다.

(나) 진도에 대한 부담감

교사에게 교과서란 넘고 싶은 벽과 같은 존재이면서도 편안한 울타리 같은 양면성을 지닌다. 진도에 쫓겨 학생들과 해 보고 싶은 활동을 하지 못하게 하면서도, 수업할 내용을 다른 곳에서 찾아 구성할 수고를 대신해 주는, 그래서 버리고 싶으면서 버리지 못하는 존재이다. 교과서에 있는 내용을 어떻게 잘 전달할 것인가를 고민하고, 그 내용 안에서 평가하는 것이 기존 수업과 평가 방식이다. 통합교육과정 운영은 교과서의 내용을 일제식으로 가르치는 것이 아니라 주제에 맞추어 모둠별로 탐구하고 표현하는 방식으로 진행된다. 그래서 한 시간에 다룰 수 있는 내용이 적을 수밖에 없다. 그러다 보니 정해진 시간 안에 통합교육과정을 운영하면서 교과서 진도도 다 나가야 한다는 압박을 느끼게 되었고, 시험을 앞두고는 대부분의 교사들이 힘들어했다. 주당 시수가 적은 도덕, 기술·가정, 정보와 같은 과목은 진도에 대한 부담으로 더욱 힘들어했다.

통합교육과정 운영을 원활하게 하려면 '교과서 진도 나가기' 식 수업의 변화가 필요했다. 그러나 교과별로 통합교육과정 운영을 포함해 전체적으로 교육과정을 재구성하는 노력이 선행되지 않은 채 진행하다 보니 교사들에게 과중한 수업 부담으로 작용했다.

통합교육과정 운영 계획을 세울 때 그 시기에 포함될 내용만 계획하는 것이 아니라, 한 학기에 다룰 내용을 전반적으로 재구성하는 노력을 병행해야 제대로 운영될 수 있다는 사실에 대한 인식이 부족했다.

(다) 평가에 대한 부담감

성취평가제가 도입된 지 몇 해가 지났지만 대부분의 교사들은 평가는 객관적 기준을 가지고 공정하게 서열화해야 한다고 인식하고 있다. 모두의 성취를 위해 가르쳐야 하지만 모두가 A를 받은 것은 잘못된 평가라고 생각한다. 특히 교사들은 평가와 관련해 학생이나 학부모에게 항의를 받는 것을 두려워하기 때문에 성적이 정규분포를 형성할 수 있는 평가를 선호한다. 이 때문에 통합교육과정 운영에서 했던 내용을 평가하고 점수화하는 것은 기존 학교 평가 문화에서는 적합하지 않고 어렵다고 느꼈다.

통합교육과정 운영을 통한 평가에서 학생들의 활동을 놓고 서열을 매기기는 쉽지 않다. 통합교육과정 운영 후 평가를 어떻게 할 것인가. 이에 대한 어려움으로 인해 교사들은 부담스러워하고 갈등이 생겼다. 평가는 객관적 변별을 위한 역할을 할 뿐 아니라 학생들의 성장과 발달을 돕는 역할도 한다는 것에 대한 교사들의 인식 변화가 필요하다. 또, 어떤 평가 방식이 수업에 열심히 참여하도록 하는지에 대해 협의와 시행착오를 거치면서 노하우를 쌓아 통합교육과정 운영에 맞는 평가 방식을 찾아나가야 한다.

(라) 타 교과와 협력 부재의 문화

통합교육과정 운영에서는 교과를 넘어선 교사들 간의 소통이 중요한 요소이다. 초등학교 교사는 한 명의 담임교사가 여러 과목을 가르치기 때문에 담임교사가 필요성을 인식하면 어렵지 않게 통합교육과정을 운영할 수 있다. 특히 초등학교 1, 2학년에서는 '바른 생활', '슬기로운 생활', '즐거운 생활'이라는 통합 교과가 존재해 통합교육 사례가 많다.

그런데 중등의 경우 한 교과를 한 명의 교사가 가르치기 때문에 통합교육과정 운영을 위해서는 타 교과 교사들과 협의하는 시간이 많이 필요하다. 현재 중등학교에서는 동 교과 교사들 간의 진도 맞추기, 시험 범위, 난이도 조정, 평가 문항 제작을 위한 역할 분담 등의 협의가 이루어지지만, 다른 교과 교사와 수업, 교과 내용에 대한 소통과 협력은 찾아보기 쉽지 않다. 타 교과 교사와 소통하는 문화의 부재는 통합교육과정을 운영하는 데 큰 걸림돌이 되었다.

신능중학교는 혁신학교를 운영하면서 수업 공개 및 나눔이 활성화되었고, 교과와 상관없이 수업에 대한 고민을 나누고 타 교과의 수업을 이해하려는 노력이 1년 넘게 활발히 이루어졌다. 이러한 협의 문화가 있었기에 통합교육과정 운영을 시도할 수 있었다. 그럼에도 불구하고 여러 교과를 하나의 주제를 중심으로 통합하여 운영한다는 것은 여전히 쉽지 않았다.

1차 통합교육과정 운영 전 토론회, 연수, 과목별 연수, 전 교사 1박 2일 워크숍 등 많은 준비를 하고 시작했다. 그렇지만 막상 실행 후에는 '보람 있었다', '많이 배웠다', '기존의 수업 형태에 비해 좋은 방식이다'라는 긍정적 반응보다는 '왜 해야 되는지 모르겠다', '억지스럽다', '꼭 해야 되는 거냐?'는 부정적 평가가 많이 나왔다.

(마) 1차 통합교육과정 운영 성과와 문제점, 그에 따른 대책

1차 통합교육과정 운영에서 가장 의미 있었던 것은 2학년 역사-도덕-국어가 통합되어 '사회적 약자와의 의리'를 주제로 한 수업이었다. 학생들은 위안부 문제에 대해 기존에는 교과서 내용 안에서 사실 위주로 배웠다. 그런데 통합 수업을 하면서는 역사 수업 시간에 역사적인 사실을 배우고, 도덕 시간에 위안부 할머니들의 삶에 더 깊이 들어가 보고 할머니들께 편지를 써 보는 활동을 했으며, 국어 시간에는 일본의 만행에 대해 주장하는 글쓰기를 실시했다. 단지 교과서적 지식을 넘어 위안부 할머니의 삶을 통해 배우고, 옳지 못한 것에 대해 논리적 주장을 펴는 수업을 통해 머리로만 배우는 것이 아니라 가슴으로 배우는 깊이 있는 배움을 하게 되었다.

이러한 성과가 있었지만 다음과 같은 어려움과 문제점도 나타났다.

첫째 새로운 과제가 주어졌을 때 교사들 사이에서는 적극적이고 도전적인 분위기보다는 거부감, 학생 반응이 좋지 않을 것에 대한 걱정과 두려움이 표현되었다.

둘째 통합교육과정을 운영하려면 타 교과와의 소통과 협력이 필요한데, 이러한 소통과 협력의 문화가 기존의 교사 문화에서는 생소했다.

셋째 우리나라의 오랜 수업 방식인 교과서 진도 나가기 방식 수업을 진행하면서 통합교육과정 운영을 새롭게 도입하다 보니, 두 가지 수업 방식이 충돌하고 시수와 역량이 부족한 상황이 벌어졌다.

넷째 상대 평가를 당연한 것으로 받아들이는 교사 문화에서 통합교육과정 운영에 따른 학생 활동 중심 수업을 진행하다 보니 이를 평가하는 데 어려움이 생겼다.

결국 통합교육과정을 성공적으로 운영하려면 하나의 공통 주제를 중심으로 여러 교과가 일부의 내용을 조정해서 수업을 하는 소극적 통합 방식을 넘어서, 수업을 중심으로 교사들의 지속적인 소통 문화가 반드시 필요하다는 것을 알게 되었다. 또 학교 교육 활동의 핵심 요소인 교육과정, 수업, 평가 전반의 변화가 절실함을 느꼈다. 2차 시행에서는 다음과 같이 변화된 계획을 가지고 실행해 나갔다. 변화의 핵심은 그림과 같이 나타낼 수 있다.

1차 실행 성찰 및 그에 따른 대책

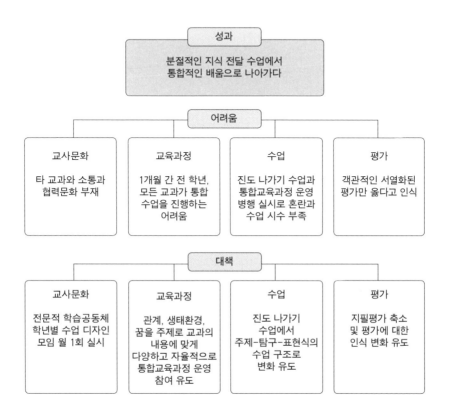

성과
분절적인 지식 전달 수업에서 통합적인 배움으로 나아가다

어려움

교사문화	교육과정	수업	평가
타 교과와 소통과 협력문화 부재	1개월 간 전 학년, 모든 교과가 통합 수업을 진행하는 어려움	진도 나가기 수업과 통합교육과정 운영 병행 실시로 혼란과 수업 시수 부족	객관적인 서열화된 평가만 옳다고 인식

대책

교사문화	교육과정	수업	평가
전문적 학습공동체 학년별 수업 디자인 모임 월 1회 실시	관계, 생태환경, 꿈을 주제로 교과의 내용에 맞게 다양하고 자율적으로 통합교육과정 운영 참여 유도	진도 나가기 수업에서 주제-탐구-표현식의 수업 구조로 변화 유도	지필평가 축소 및 평가에 대한 인식 변화 유도

2) 2차 통합교육과정 운영

가. 1차 통합교육과정 운영과 달라진 점

(가) 공통 주제의 다양성

2차 통합교육과정 운영에서 가장 큰 변화는 1차 실행에서 한 달 동안 '의리'라는 공통 주제로 모든 교과가 함께 통합 수업을 진행한 것과 달라졌다는 점이다. 3~4월에는 '관계', 5~6월에는 '생태와 환경'이라는 통합교육과정 운영으로 변화를 주었다. 이로 인해 원래 교과 내용에 '관계'나 '생태와 환경'의 내용이 있다면 시기를 조정해 가르치면 되었고, 교사들은 부담을 줄일 수 있었다. 또 3~4월의 '관계'는 새 학기 낯선 분위기에서 학생들의 적응을 돕기 위한 내용으로 편성되고, 5~6월의 '생태와 환경'은 교과 체험학습과 연계하여 진행해서 학생들의 삶과의 관련성을 높이고 학사 운영과도 자연스럽게 연결할 수 있도록 했다.

(나) 범교과적 협의 강화

1차 실행에서 통합교육과정 운영을 범교과적으로 계획, 협의하는 시간과 기회가 부족해서 여러 가지 문제가 나타났다. 이에 따라 2차 실행 전 통합교육과정을 함께 할 교사들 간의 협의회 시간을 충분히 마련했다. 중등학교에서는 보통 2월 전입 교사가 확정된 후 봄방학 시기를 이용하여 새 학년도 수업 계획, 시수, 업무분장을 하게 된다. 신능중학교에서도 2월 말에 새 학기 준비를 위한 여러 모임 중 통합교육과정 운영을 위한 워크숍을 학년별로 1일씩 3차례 진행했다. 워크숍에서는 주제통합

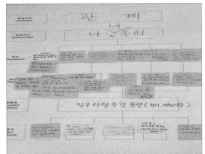

2차 실행 계획 세우기 장면

템플릿을 작성하는 활동을 실시했다.

(다) 지필평가 축소와 수행평가 활성화

1차 통합교육과정 운영에 대한 평가에서 통합교육과정을 진행해 보고 싶지만 교과서 진도 나가는 데 부담이 커 어렵다는 의견이 많았다. 통합교육과정과 진도 나가는 것을 모두 해야 된다고 생각하는 가장 큰 이유는 학기당 2회의 지필평가가 실시되기 때문이다. 대부분의 교사가 지필평가 내용으로 통합교육과정 내용은 적합하지 않기 때문에 별도로 교과서 진도를 나가야 한다고 여기고 있었다. 수업에서 학생들 삶과 연관된 다양한 주제 활동을 하다가도 지필평가 시기가 다가오면 다시 교과서를 펴고 일제식으로 수업하는 모습이 나타났다. '교과서 진도 나가기' 식의 수업이 진행되면 엎드리는 학생이 조금씩 나타났다.

그래서 평가에 대한 부담을 줄이기 위해 국영수사과를 제외한 모든 교과에서 지필평가를 1회만 하는 것으로 결정했다. 모든 교과가 지필평가 횟수를 자율적으로 결정하도록 하려 했지만, 시험을 적게 보면 공부를 안 시키는 학교라는 인식에 대한 부담으로 국영수사과는 기존대로 지필평가를 2회 실시하기로 했다.

지필평가 부담이 줄고 그만큼 수행평가 부담은 늘어났다. 수행평가와 통합교육과정을 연계하기가 수월하기 때문에 지필평가 횟수를 줄인 것은 큰 도움이 되었다. 늘어난 수행평가 비율로 인해 어떤 내용으로 수행평가를 할 것인가에 대한 교과별 협의가 자연스럽게 늘어났고, 통합교육과정 운영에 대한 의견 교환 시간도 늘어났다.

(라) 수업 개선을 위한 전문적 학습공동체 활성화

교사들의 전문적 학습공동체는 학교 현장에서 교사들의 고립된 문화를 변화시키고 수업 개선을 위해 효과적인 방안으로 제시되고 있다. 전문적 학습공동체란 교사들이 자발성과 협력성을 기반으로 단위 학교 안에서 수업 공개 및 연구, 인문학 모임, 연수 등 다양한 연구 활동을 통해 스스로 교사의 전문성을 신장하기 위한 모임이다.

2013년 혁신학교 시작 초기부터 진행한 수업 공개 및 나눔회는 모든 교사가 수업을 공개한 후 동료 교사에게 자신들의 수업 고민을 솔직히 이야기하는 방식으로 진행된다. 수업에서 느끼는 어려움이 나의 어려움이 아닌 우리의 어려움이라는 인식 전환을 가져왔고, 수업의 변화를 고민하게 만드는 데 큰 도움이 되었다. 또 교사에게 담당 교과를 넘어 다른 교과가 무엇을 가르치고 있는지를 알아 가는 기회를 제공해 교과 간의 벽을 허물고 소통할 수 있는 계기가 되었다.

또 수업 디자인에 대한 책을 함께 읽고 방과 후에 수업 디자인 모임을 운영함으로써 한 단계 발전할 수 있는 계기가 되었다. 기존 수업 공

수업 공개 모둠 학습 관찰 및 수업 나눔회 장면

개 및 나눔은 교사 한 명이 혼자 준비하고 공개하는 방식이다. 이와 다르게 수업 디자인 모임은 수업 공개 전 교사가 수업 내용에 대해 아이디어와 기본 내용을 참관할 교사와 함께 논의하고 수업을 공개하는 형식이다. 이것의 장점은 수업 계획 단계부터 동료 교사와 함께 디자인하기 때문에 수업 공개에 대한 개인적 부담이 적어진다는 점이다. 또 동료 교사들도 계획 단계부터 함께 했기 때문에 더 깊이 이해할 수 있으며, 나눔에 대한 관점도 다양해질 수 있다. 통합교육과정 운영 면에서는 통합교육과정 기획력이 향상되고 타 교과와 소통하고 협력하는 기회가 자연스럽게 증가한다.

나. 2차 통합교육과정 실행

(가) 3~4월 '관계' 통합교육과정 운영

'관계'라는 주제는 새 학기를 맞아 새로운 친구들과 서로를 알고 적응하는 데 도움이 될 만한 수업을 하자는 의견이 모아져서 시작했다. 자기

소개하기, 마니또, 나 전달법과 대화법, 갈등 해결법 등으로 진행되었다. 이 수업은 처음 계획한 목적대로 학생들의 학급과 학교 적응에 상당히 도움이 되었다. 특히 1학년들은 학기 초 출신 학교별로 어울려 세력을 만들어 대항하는 분위기가 형성되곤 하는데, '관계'를 중심으로 한 수업 이후 출신 학교와 상관없이 친해지는 계기가 되었다.

내용은 다음과 같다.

〈국어〉

- '자기소개' 내용을 선정하고 조직하기
- 개요 작성하고 제작한 PPT를 발표하기, '나 전달법' 익히기
- 『이선생의 학교폭력 평정기』독서 후 학교폭력 관련 토론 및 '나 전달법' 역할극 UCC 제작

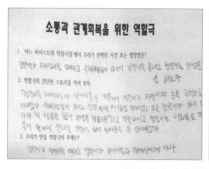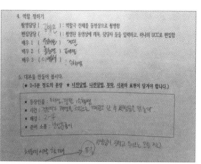

2학년 국어 관계회복을 위한 역할극 대본

〈도덕〉

- 모둠원 중 1명을 선택하여 2주간 관찰하기
- 관찰한 친구의 장점, 특징을 찾아서 관찰 일기 쓰기
- 평화적 문제 해결을 위한 모둠 활동(역할극 & PMI 토론하기, 자치법정)
- 비폭력 대화/WANT로 말하기
- 역지사지 활동/'나 전달법' 달인 되기

〈영어〉

- 친구에 대한 정보를 영어 문장으로 수집하고 영어로 친구를 소개하기
- 고마움을 느끼는 사람 정하기, 그 사람의 장점 적기, 감사 편지 쓰기

〈정보〉

- 친구에 대해 자세히 알아본 후 친구 소개 UCC 동영상 만들기

〈음악〉

- 친구의 특징을 살리는 가사를 작성하고 간단한 가락을 만들어 노래 부르기
- 학교폭력 예방 캠페인 노랫말과 가락 만들기
- '친구 사랑'을 주제로 한 M/V 시놉시스 만들기

〈역사·사회〉

- 역사를 쓸 가족을 선정하기
- 사료 수집하고 가족의 역사 쓰고 발표하기

학교 다녀온 아이의 표정이 영 말이 아니다. "왔니?"라고 물어도 휙 방으로 들어가 버린다. 걱정되는 마음에 방문을 열었더니, "왜 아무 때나 문을 열고 그러는데? 사생활도 몰라? 짜증나."라면서 신경질을 낸다.

평소 말하기	왜 짜증이야? 문 된 지집애야		
나 전달법으로 말하기	1단계 : 네가 <u>짜증을 내서</u>	해서(상대방의 구체적 행동)	
	2단계 : 나는 <u>기분이 상한다</u>	해.(나에게 미친 영향, 느낌)	
	3단계 : 왜냐면 나는 사실 <u>내가 친절하게</u> 이거든.(원하는 결과)		
	<u>부드럽게 말해 주길 원하거든</u>		

가정에서 부모님과 함께 할 수 있는 나 전달법 학습지

• 문화 갈등 사례 조사하고, 문화 공존 방안 모색

'나 전달법'은 학교 수업으로만 끝나지 않고, 집에서 부모님과 대화하는 중에 서로 상처를 주는 대화를 나 대화법으로 다시 만들어 해 보고 느낌을 적어 오는 '부모님과 함께 하는 과제'로 진행했다. 부모님들이 감사하다는 반응을 보여 주었다.

(나) 5~6월 생태, 환경 통합교육과정 운영

1차 통합교육과정 운영 중 '의리'를 공통 주제로 한 수업에서, 1학년의 식물을 키워 관찰일지 작성하고 보고서 쓰기 과정에서 가을에 식물이 잘 자라지 않아 여러 가지 어려움이 있었다. 2차 실행에서 이것을 또 진행할 것인가를 고민했다. 관련 교과 선생님들의 협의 끝에 지난해에는 잘 이루어지지 않았지만, 식물이 잘 자라는 봄에 진행하면 좋은 내용이니 다시 해 보자고 결정했다. 작년 계획에서 몇 가지 수정을 했다. 미술 교과와 국어 교과는 기간이 길어지는 문제가 있어 참가하지 않고, 수학과 과학 두 과목만 진행하기로 했다. 또 개인별 식물을 키우면 개인차가 심하니 모둠별로 식물을 키우고, 학생들이 잘 아는 상추, 토마토, 고추 같은 야채를 키우기로 했다. 진행 과정은 같은 교무실을 사용하는 수학, 과학 선생님이 주도적으로 하면서 다른 교무실에 있는 선생님과 주기적으로 소통하는 형식으로 진행되었다.

한 번 해 보았기 때문인지 진행 과정에서 수학, 과학 선생님의 협의도 자연스럽게 잘 이루어졌고, 학생들도 모둠별로 매일 번갈아 가며 물을 주는 등 잘 키우면서 관찰일지를 작성했다. 학생들의 수업 만족도도 높았다.

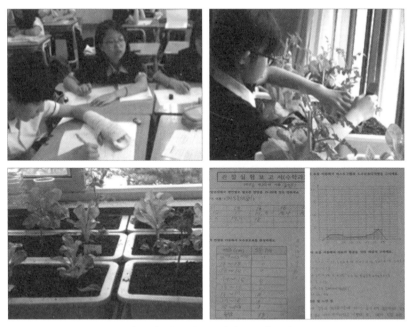

2차 운영-식물 키우고 관찰 보고서 쓰기

(다) 일상적인 교과 통합

2학년 도덕과, 수학과에서 비폭력 대화로 친구와 여행 계획 세우기 통합 수업을 진행했다. 도덕 수업에서 비폭력 대화로 유럽 여행 계획 세우기 수업을 진행하는데, 경비 계산에 대해 수학과와 통합하자고 제안을 했다. 수학과는 부등식 영역을 이용하면 어느 나라를 며칠 동안 여행하는 게 합리적인지 의사결정에 도움이 될 수 있었기에 함께 하기로 했다. 도덕과에서 비폭력 대화를 배우고 두 명씩 짝을 지어 인터넷을 활용해 여행할 나라를 조사하고, 서로 의견을 맞추어 10일간의 여행 계획을 세웠다. 10일간의 여행 동안 숙소, 식사, 관광비를 환율에 맞춰 계산하고, 총 여행 경비 안에서 며칠씩 있는 것이 합리적인지를 부등식의 영역 파트를 활용해 계산하는 과정을 학습지로 만들어 작성하도록 수업을 진행했다.

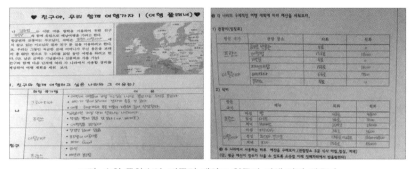

도덕, 수학 통합수업-비폭력 대화로 친구와 여행 일정 세우기

다. 2차 통합교육과정 운영에 대한 평가 및 반성

(가) 교사, 학생 만족도가 높아지다

1, 2차 통합교육과정 운영 후 교사와 학생들에게 온라인을 통해 통합교육과정에 대한 설문 조사를 실시했다. 1차 운영 후 교사 43명 전교생 489명, 2차 운영 후 교사 28명 전교생 502명이 참여했다. 교사의 경우 1차에서 통합교육과정에 대한 긍정적인 답변이 57%였던 반면 2차에서는 긍정적인 답변이 71%로 14% 정도 늘어났다. '별로 그렇지 않다'는 부정적인 답변이 2차 실행 후에는 1명밖에 없어, 통합교육과정에 대한 부정적인 반응이 상당히 감소한 것으로 나타났다.

〈표 8-1〉 통합교육과정 운영 교사 만족도 1, 2차 실행 비교

질문 1 : 통합교육과정을 통해 학생들에게 의미 있는 배움이 이루어졌다.

	1차 실행	2차 실행
① 매우 그렇다.	21%(9명)	29%(8명)
② 대체로 그렇다.	37%(16명)	43%(12명)
③ 그렇다.	33%(14명)	25%(7명)
④ 별로 그렇지 않다.	9%(4명)	3%(1명)
⑤ 전혀 그렇지 않다.	0%(0명)	0%(0명)

전교생을 대상으로 한 설문 조사에서는 1차 운영 후 긍정적인 답변이 36.4%였는데, 2차 운영에서는 51.8%로 15% 정도 긍정적인 답변이 증가했다. 특히 1차 운영에서 '통합교육과정 운영이 흥미롭고 의미가 있었느

냐'는 질문에 8.9%인 43명이 '전혀 그렇지 않다'는 부정적인 답변을 했는데, 2차 운영에서는 2.6%인 13명만이 '전혀 그렇지 않다'는 답변을 했다. 학생들 역시 통합교육과정 운영에 대해 긍정적인 인식을 하고 있음이 밝혀진 것이다.

〈표 8-2〉 통합교육과정 운영 교사 만족도 1, 2차 실행 비교

질문 2: 나는 통합교육과정 운영 활동에 재미있게 참여했고 배움에 도움이 되었다.

	1차 실행	2차 실행
① 매우 그렇다.	14.9%(72명)	22.3%(112명)
② 대체로 그렇다.	21.5%(104명)	29.5%(148명)
③ 그렇다.	40.4%(195명)	39.4%(198명)
④ 별로 그렇지 않다.	14.3%(69명)	6.2%(31명)
⑤ 전혀 그렇지 않다.	8.9%(43명)	2.6%(13명)

(나) 기억에 오래 남는 수업, 삶에 도움이 되는 수업

학기 초 학생들에게 가장 고민거리인 새로운 친구와의 관계, 학급에 적응하는 문제를 방과 후 프로그램이나 학급 행사가 아닌 수업 시간에 교과와 연계하여 진행한 것이 상당히 효과적이었다. 1차 운영에서 '사회적 약자와의 의리', '자연환경과의 의리'라는 하위 주제가 교사 중심이었다면, 2차 운영에서 '관계'라는 공통 주제는 학생들의 고민이고 실생활에 필요한 학생 중심의 주제였다. 이러한 공통 주제로 통합된 수업을 진행했을 때 학생들의 반응이 좋고 교육적 효과도 높다는 것을 알 수 있다.

(다) 교사 간 협력 문화 정착, 통합교육과정 운영에 대한 부담감 감소

타 교과 간 협력이 1차 운영에 비해 긍정적이면서 자연스럽게 이루어졌다. 특히 1학년 수학과 과학에서 진행된 식물 키우고 관찰일지 쓰는 수업에서 수학, 과학 선생님의 협력이 긴밀하게 이루어졌다. 이는 두 교사 모두 1학년 담임교사이고 같은 교무실에 있으면서 평소 좋은 관계를 맺고 있다는 조건이 영향을 미쳤다. 또 수학 교사는 1차 운영에서 같은 내용을 진행해 본 경험이 있기 때문에 통합교육과정 운영에 부담을 덜 가졌을 뿐 아니라 처음 해 본 교사를 잘 이끌어 나갔다는 것도 좋은 요소로 작용했다.

1차 운영에서 '억지스럽다', '왜 해야 되는지 모르겠다' 등 통합교육과정 운영에 대한 부정적인 반응이 많이 나왔다면, 2차 운영에서는 '보람 있었다', '우리 학교 자랑거리다' 등 긍정적인 반응이 많이 나왔다. 특히 2차 운영 후 전 교사가 모여서 통합교육과정 운영 평가회를 가졌는데, 다른 학년, 다른 교과가 진행한 수업 내용을 들으면서 통합 활동이 상당히 의미가 있고 우리 학교만의 특색 사업으로 해 나가면 좋겠다는 의견이 나올 정도로 1차 운영과는 상반된 평가가 나왔다.

전체적으로 2차 운영에서 나타난 효과성의 원인을 분석해 보면 다음과 같다.

첫째 학생들이 흥미를 가질 수 있으면서 유익한 일상생활의 경험을 바탕으로 한 주제를 선정했다. 특히, 3~4월 '관계'라는 공통 주제를 중심으로 한 통합교육과정 운영은 학기 초 학생과 교사 모두에게 필요한 주제였다. 친구 관계에서 소외나 따돌림을 받

는 것에 대한 두려움은 중학생 시기에 가장 큰 스트레스이며 다양한 양상으로 나타난다. 이러한 시기에 관계를 공통 주제로 한 통합교육과정 운영은 자기를 편안하게 소개하고, 친구들을 깊이 알아 가는 시간이었고, 친구들과의 갈등이 생겼을 때 해결할 수 있는 대화법을 배우는 것은 매우 유익한 활동이었다.

둘째 제한된 시기에 모든 교과가 한 가지 공통 주제로 참여한 방식이었던 1차 운영에 비해 한 학기 동안 교과 내용과 적합한 공통 주제를 선택해서 운영할 수 있어 교사들의 부담은 줄어들고 자연스러운 교육과정을 운영할 수 있었다. 그로 인해 1차 운영에서는 '억지로 끼워 맞춘' 느낌이 들었다는 교사들이 있었지만, 2차 운영에서는 자신이 맡은 교과와 자연스럽게 연결되었다는 느낌을 받은 교사들이 많았다.

셋째 통합교육과정 운영을 위한 학년별 협의회, 교육과정 재구성을 위한 동 교과협의회, 수업 디자인 동아리, 전 교사 수업 공개 및 나눔회 등 범교과적 협의 기회를 제공했다. 이를 통해 타 교과 교사들 간의 협력 문화가 자연스럽게 형성되었고 수업에 대한 기획과 교과서를 벗어난 방식의 수업 진행 능력이 향상되었다. 분절적 교과 중심 교육과정은 중등학교에서 기본적으로 운영되는 방식이며, 이는 쉽게 바꿀 수 없는 오랜 관행이다. 1차 운영에서는 익숙한 방식에서 벗어나 새로운 방식으로 변화하기 위해 사전 연수 및 협의회를 단계적으로 실시했지만, '그냥 하던 대로 하면 안 되나?' 하는 반응이 나왔다. 하지만

1년 동안 지속적으로 타 교과 간의 협의의 장을 마련해 교사 문화로 정착되었기 때문에 2차 운영에서는 서로의 경험을 자연스럽게 공유하고 혼자 고민하면 얻기 힘든 좋은 아이디어들을 나눌 수 있었다. 동료 교사의 수업 방식에 대한 공유는 내 수업 방식을 객관적으로 성찰하고 다양한 방식의 수업에 도전하는 데 동기를 부여해 주었다.

넷째 지필평가 과목을 축소하고 수행평가를 비중을 높이는 것이 통합교육과정 운영을 운영하는 데 큰 도움을 주었다. 교육과정과 수업 평가는 연결되어 있어 평가의 변화 없이 교육과정과 수업의 변화를 완성할 수 없다. 지필평가 비율이 높고 횟수가 많을수록 수업은 내용 전달식의 획일적 수업으로 진행될 수밖에 없다. 학생들의 활동 위주 수업이 진행되는 예체능 과목도 지필평가가 반영되면 평가를 위해 일제식 수업을 해야 되는 경우까지 생긴다. 이처럼 지필평가 위주의 평가 방식은 통합교육과정을 운영하는 데 걸림돌이 된다. 2차 실행에서 지필평가 횟수와 비율을 축소하고 수행평가 반영 비율을 높여 진도에 대한 부담에서 벗어날 수 있었고, 통합교육과정 운영에서 진행했던 활동 자체를 수행평가에 반영하여 학생들이 주제통합 활동에 더욱 적극적으로 참여할 수 있게 되었다.

참고 문헌

• 성열관(2012). 「교수적 실천의 유형학 탐색: Basil Bernstein의 교육과정 사회학 관점」. 『교육과정연구』 30(3): 71-97.

• 이영만(2002). 『통합교육과정』. 서울: 학지사.

• Beane, J. A.(1991). The middle school: The natural home of integrated curriculum. Educational Leadership, 49(2), 9-13.

• Beane, J. A.(1995). Toward a Coherent Curriculum, ASCD.

• Drake, S. & Burns, R.(2004). Meeting standards through integrated curriculum. Alexandria, VA: Association for Supervision and Curriculum Development.; 박영무·강현석·김인숙·허영식 옮김(2006). 『통합교육과정』. 서울: 원미사.

• Jacobs, H. H.(1989). Interdisciplinary curriculum: Design and implementation. Alexandria, VA: Association for Supervision of Curriculum Development.

• McLaughlin, M. & Talbert, J.(2001). Professional communities and the work of high school teaching. Chicago: University of Chicago Press.

• Nesin, G. & Lounsbury, J.(1999). Curriculum integration: twenty questions -with answers. Atlanta, GA: Georgia Middle School Association.; 정광순 옮김(2007). 『교육과정통합-20가지 질문과 대답』. 한국학술정보.

• SCANS(1991). What Work Requires of Schools: A SCANS Report for America 2000, U.S. Department of Labor.

• Scheurman G., & Newmann, F.(1998). Authentic intellectual work in social studies: Putting performance before pedagogy. Social Education, 62(1), 23-25.

• Shepard, L.(2000). The Role of assessment in a learning culture. Educational Researcher, 29(7), 4-14.

• Wiggins, G. P. & McTighe, J.(1998). Understanding by design. Alexandria, VA: Association for Supervision and Curriculum Development.

삶의 행복을 꿈꾸는 교육은 어디에서 오는가?

미래 100년을 향한 새로운 교육 ▌혁신교육을 실천하는 교사들의**필독서**

▶ 교육혁명을 앞당기는 배움책 이야기
혁신교육의 철학과 잉걸진 미래를 만나다!

한국교육연구네트워크 총서

01 핀란드 교육혁명
한국교육연구네트워크 엮음 | 320쪽 | 값 15,000원

02 일제고사를 넘어서
한국교육연구네트워크 엮음 | 284쪽 | 값 13,000원

03 새로운 사회를 여는 교육혁명
한국교육연구네트워크 엮음 | 380쪽 | 값 17,000원

04 교장제도 혁명
한국교육연구네트워크 엮음 | 268쪽 | 값 14,000원

05 새로운 사회를 여는 교육자치 혁명
한국교육연구네트워크 엮음 | 312쪽 | 값 15,000원

06 혁신학교에 대한 교육학적 성찰
한국교육연구네트워크 엮음 | 308쪽 | 값 15,000원

07 진보주의 교육의 세계적 동향
한국교육연구네트워크 엮음 | 324쪽 | 값 17,000원
2018 세종도서 학술부문

08 더 나은 세상을 위한 학교혁명
한국교육연구네트워크 엮음 | 404쪽 | 값 21,000원
2018 세종도서 교양부문

09 비판적 실천을 위한 교육학
이윤미 외 지음 | 448쪽 | 값 23,000원

10 마을교육공동체운동:
세계적 동향과 전망
심성보 외 지음 | 376쪽 | 값 18,000원

한국교육연구네트워크 번역 총서

01 프레이리와 교육
존 엘리아스 지음 | 한국교육연구네트워크 옮김
276쪽 | 값 14,000원

02 교육은 사회를 바꿀 수 있을까?
마이클 애플 지음 | 강희룡·김선우·박원순·이형빈 옮김
356쪽 | 값 16,000원

03 비판적 페다고지는
세상을 변화시킬 수 있는가?
Seewha Cho 지음 | 심성보·조시화 옮김 | 280쪽 | 값 14,000원

04 마이클 애플의 민주학교
마이클 애플·제임스 빈 엮음 | 강희룡 옮김 | 276쪽 | 값 14,000원

05 21세기 교육과 민주주의
넬 나딩스 지음 | 심성보 옮김 | 392쪽 | 값 18,000원

06 세계교육개혁:
민영화 우선인가 공적 투자 강화인가?
린다 달링-해먼드 외 지음 | 심성보 외 옮김 | 408쪽 | 값 21,000원

07 콩도르세, 공교육에 관한 다섯 논문
니콜라 드 콩도르세 지음 | 이주환 옮김 | 300쪽 | 값 16,000원

혁신학교
성열관·이순철 지음 | 224쪽 | 값 12,000원

행복한 혁신학교 만들기
초등교육과정연구모임 지음 | 264쪽 | 값 13,000원

서울형 혁신학교 이야기
이부영 지음 | 320쪽 | 값 15,000원

혁신교육, 철학을 만나다
브렌트 데이비스·데니스 수마라 지음
현인철·서용선 옮김 | 304쪽 | 값 15,000원

대한민국 교사, 어떻게 가르칠 것인가?
윤성관 지음 | 320쪽 | 값 15,000원

아이들을 어떻게 가르칠 것인가
사토 마나부 지음 | 박찬영 옮김 | 232쪽 | 값 13,000원

모두를 위한 국제이해교육
한국국제이해교육학회 지음 | 364쪽 | 값 16,000원

경쟁을 넘어 발달 교육으로
현광일 지음 | 288쪽 | 값 14,000원

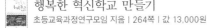

혁신교육 존 듀이에게 묻다
서용선 지음 | 292쪽 | 값 14,000원

 독일 교육, 왜 강한가?
박성희 지음 | 324쪽 | 값 15,000원

 다시 읽는 조선 교육사
이만규 지음 | 750쪽 | 값 33,000원

 핀란드 교육의 기적
한넬레 니에미 외 엮음 | 장수명 외 옮김 | 456쪽 | 값 23,000원

 대한민국 교육혁명
교육혁명공동행동 연구위원회 지음 | 224쪽 | 값 12,000원

 한국 교육의 현실과 전망
심성보 지음 | 724쪽 | 값 35,000원

▶ 비고츠키 선집 시리즈
발달과 협력의 교육학 어떻게 읽을 것인가?

 생각과 말
레프 세묘노비치 비고츠키 지음
배희철·김용호·D. 켈로그 옮김 | 690쪽 | 값 33,000원

 성장과 분화
L.S. 비고츠키 지음 | 비고츠키 연구회 옮김
308쪽 | 값 15,000원

 도구와 기호
비고츠키·루리야 지음 | 비고츠키 연구회 옮김
336쪽 | 값 16,000원

 연령과 위기
L.S. 비고츠키 지음 | 비고츠키 연구회 옮김
336쪽 | 값 17,000원

 어린이 자기행동숙달의 역사와 발달 I
L.S. 비고츠키 지음 | 비고츠키 연구회 옮김
564쪽 | 값 28,000원

 의식과 숙달
L.S 비고츠키 | 비고츠키 연구회 옮김
348쪽 | 값 17,000원

 어린이 자기행동숙달의 역사와 발달 II
L.S. 비고츠키 지음 | 비고츠키 연구회 옮김
552쪽 | 값 28,000원

 분열과 사랑
L.S. 비고츠키 지음 | 비고츠키 연구회 옮김
260쪽 | 값 16,000원

 어린이의 상상과 창조
L.S. 비고츠키 지음 | 비고츠키 연구회 옮김
280쪽 | 값 15,000원

 성애와 갈등
L.S. 비고츠키 지음 | 비고츠키 연구회 옮김
268쪽 | 값 17,000원

 비고츠키와 인지 발달의 비밀
A.R. 루리야 지음 | 배희철 옮김 | 280쪽 | 값 15,000원

 관계의 교육학, 비고츠키
진보교육연구소 비고츠키교육학실천연구모임 지음
300쪽 | 값 15,000원

 수업과 수업 사이
비고츠키 연구회 지음 | 196쪽 | 값 12,000원

 비고츠키 생각과 말 쉽게 읽기
진보교육연구소 비고츠키교육학실천연구모임 지음
316쪽 | 값 15,000원

 비고츠키의 발달교육이란 무엇인가?
비고츠키교육학실천연구모임 지음 | 412쪽 | 값 21,000원

 교사와 부모를 위한 비고츠키 교육학
카르포프 지음 | 실천교사번역팀 옮김 | 308쪽 | 값 15,000원

 비고츠키 철학으로 본 핀란드 교육과정
배희철 지음 | 456쪽 | 값 23,000원

▶ 살림터 참교육 문예 시리즈
영혼이 있는 삶을 가르치는 온 선생님을 만나다!

 꽃보다 귀한 우리 아이는
조재도 지음 | 244쪽 | 값 12,000원

 선생님이 먼저 때렸는데요
강병철 지음 | 248쪽 | 값 12,000원

 성깔 있는 나무들
최은숙 지음 | 244쪽 | 값 12,000원

 서울 여자, 시골 선생님 되다
조경선 지음 | 252쪽 | 값 12,000원

아이들에게 세상을 배웠네
명혜정 지음 | 240쪽 | 값 12,000원

밥상에서 세상으로
김흥숙 지음 | 280쪽 | 값 13,000원

우물쭈물하다 끝난 교사 이야기
유기창 지음 | 380쪽 | 값 17,000원

행복한 창의 교육
최창의 지음 | 328쪽 | 값 15,000원

북유럽 교육 기행
정애경 외 14인 지음 | 288쪽 | 값 14,000원

▶ **4□16, 질문이 있는 교실 마주이야기**
통합수업으로 혁신교육과정을 재구성하다!

통하는 공부
김태호·김형우·이경석·심우근·허진만 지음
324쪽 | 값 15,000원

내일 수업 어떻게 하지?
아이함께 지음 | 300쪽 | 값 15,000원
2015 세종도서 교양부문

인간 회복의 교육
성래운 지음 | 260쪽 | 값 13,000원

교과서 너머 교육과정 마주하기
이윤미 외 지음 | 368쪽 | 값 17,000원

수업 고수들 수업·교육과정·평가를 말하다
박현숙 외 지음 | 368쪽 | 값 17,000원

도덕 수업, 책으로 묻고 윤리로 답하다
울산도덕교사모임 지음 | 320쪽 | 값 15,000원

체육 교사, 수업을 말하다
전용진 지음 | 304쪽 | 값 15,000원

교실을 위한 프레이리
아이러 쇼어 엮음 | 사람대사람 옮김 | 412쪽 | 값 18,000원

마을교육공동체란 무엇인가?
서용선 외 지음 | 360쪽 | 값 17,000원

교사, 학교를 바꾸다
정진화 지음 | 372쪽 | 값 17,000원

함께 배움
학생 주도 배움 중심 수업 이렇게 한다
니시카와 준 지음 | 백경석 옮김 | 280쪽 | 값 15,000원

공교육은 왜?
홍섭근 지음 | 352쪽 | 값 16,000원

자기혁신과 공동의 성장을 위한
교사들의 필리버스터
윤양수·원종희·장군·조경삼 지음 | 280쪽 | 값 14,000원

미래교육의 열쇠, 창의적 문화교육
심광현·노명우·강정석 지음 | 368쪽 | 값 16,000원

주제통합수업, 아이들을 수업의 주인공으로!
이윤미 외 지음 | 392쪽 | 값 17,000원

수업과 교육의 지평을 확장하는 수업 비평
윤양수 지음 | 316쪽 | 값 15,000원
2014 문화체육관광부 우수교양도서

교사, 선생이 되다
김태은 외 지음 | 260쪽 | 값 13,000원

교사의 전문성, 어떻게 만들어지나
국제교원노조연맹 보고서 | 김석규 옮김 392쪽 | 값 17,000원

수업의 정치
윤양수·원종희·장군 지음 | 280쪽 | 값 14,000원

학교협동조합,
현장체험학습과 마을교육공동체를 잇다
주수원 외 지음 | 296쪽 | 값 15,000원

거꾸로 교실,
잠자는 아이들을 깨우는 수업의 비밀
이민경 지음 | 280쪽 | 값 14,000원

교사는 무엇으로 사는가
정은균 지음 | 292쪽 | 값 15,000원

마음의 힘을 기르는 감성수업
조선미 외 지음 | 300쪽 | 값 15,000원

작은 학교 아이들
지경준 엮음 | 376쪽 | 값 17,000원

아이들의 배움은 어떻게 깊어지는가
이시이 준지 지음 | 방지현·이창희 옮김 | 200쪽 | 값 11,000원

대한민국 입시혁명
참교육연구소 입시연구팀 지음 | 220쪽 | 값 12,000원

함께 배움 이렇게 시작한다
니시카와 준 지음 | 백경석 옮김 | 196쪽 | 값 12,000원

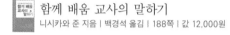
함께 배움 교사의 말하기
니시카와 준 지음 | 백경석 옮김 | 188쪽 | 값 12,000원

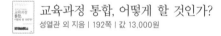
교육과정 통합, 어떻게 할 것인가?
성열관 외 지음 | 192쪽 | 값 13,000원

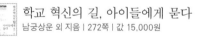
학교 혁신의 길, 아이들에게 묻다
남궁상운 외 지음 | 272쪽 | 값 15,000원

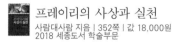
프레이리의 사상과 실천
사람대사람 지음 | 352쪽 | 값 18,000원
2018 세종도서 학술부문

혁신학교, 한국 교육의 미래를 열다
송순재 외 지음 | 608쪽 | 값 30,000원

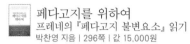
페다고지를 위하여
프레네의 『페다고지 불변요소』 읽기
박찬영 지음 | 296쪽 | 값 15,000원

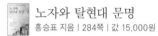
노자와 탈현대 문명
홍승표 지음 | 284쪽 | 값 15,000원

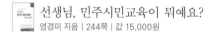
선생님, 민주시민교육이 뭐예요?
염경미 지음 | 244쪽 | 값 15,000원

어쩌다 혁신학교
유우석 외 지음 | 380쪽 | 값 17,000원

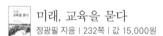
미래, 교육을 묻다
정광필 지음 | 232쪽 | 값 15,000원

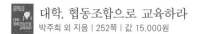
대학, 협동조합으로 교육하라
박주희 외 지음 | 252쪽 | 값 15,000원

입시, 어떻게 바꿀 것인가?
노기원 지음 | 306쪽 | 값 15,000원

촛불시대, 혁신교육을 말하다
이용관 지음 | 240쪽 | 값 15,000원

라운드 스터디
이시이 데루마사 외 엮음 | 224쪽 | 값 15,000원

미래교육을 디자인하는 학교교육과정
박승열 외 지음 | 348쪽 | 값 18,000원

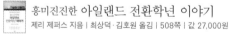
흥미진진한 아일랜드 전환학년 이야기
제리 제퍼스 지음 | 최상덕·김호원 옮김 | 508쪽 | 값 27,000원

교사를 세우는 교육과정
박승열 지음 | 312쪽 | 값 15,000원

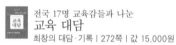
전국 17명 교육감들과 나눈
교육 대담
최창의 대담·기록 | 272쪽 | 값 15,000원

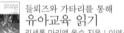
들뢰즈와 가타리를 통해
유아교육 읽기
리세롯 마리엣 올슨 지음 | 이연선 외 옮김 | 328쪽 | 값 17,000원

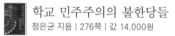
학교 민주주의의 불한당들
정은균 지음 | 276쪽 | 값 14,000원

교육과정, 수업, 평가의 일체화
리사 카터 지음 | 박승열 외 옮김 | 196쪽 | 값 13,000원

학교를 개선하는 교장
지속가능한 학교 혁신을 위한 실천 전략
마이클 풀란 지음 | 서동연·정효준 옮김 | 216쪽 | 값 13,000원

공자뎐, 논어는 이것이다
유문상 지음 | 392쪽 | 값 18,000원

교사와 부모를 위한
발달교육이란 무엇인가?
현광일 지음 | 380쪽 | 값 18,000원

교사, 이오덕에게 길을 묻다
이무완 지음 | 328쪽 | 값 15,000원

낙오자 없는 스웨덴 교육
레이프 스트란드베리 지음 | 변광수 옮김 | 208쪽 | 값 13,000원

끝나지 않은 마지막 수업
장석웅 지음 | 328쪽 | 값 20,000원

경기꿈의학교
진흥섭 외 지음 | 360쪽 | 값 17,000원

학교를 말한다
이성우 지음 | 292쪽 | 값 15,000원

행복도시 세종, 혁신교육으로 디자인하다
곽순일 외 지음 | 392쪽 | 값 18,000원

나는 거꾸로 교실 거꾸로 교사
류광모·임정훈 지음 | 212쪽 | 값 13,000원

교실 속으로 간 이해중심 교육과정
온정덕 외 지음 | 224쪽 | 값 13,000원

교실, 평화를 말하다
따돌림사회연구모임 초등우정팀 지음 | 268쪽 | 값 15,000원

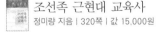

진실과 거짓, 인물 한국사
하성환 지음 | 400쪽 | 값 18,000원

 다시, 독립의 기억을 걷다
노성태 지음 | 320쪽 | 값 16,000원

 우리 역사에서 사라진 근현대 인물 한국사
하성환 지음 | 296쪽 | 값 18,000원

 한국사 리뷰
김은석 지음 | 244쪽 | 값 15,000원

 꼬물꼬물 거꾸로 역사수업
역모자들 지음 | 436쪽 | 값 23,000원

 경남의 기억을 걷다
류형진 외 지음 | 564쪽 | 값 28,000원

▶ 더불어 사는 정의로운 세상을 여는 인문사회과학
사람의 존엄과 평등의 가치를 배운다

 밥상혁명
강양구·강이현 지음 | 298쪽 | 값 13,800원

 좌우지간 인권이다
안경환 지음 | 288쪽 | 값 13,000원

 도덕 교과서 무엇이 문제인가?
김대용 지음 | 272쪽 | 값 14,000원

 민주시민교육
심성보 지음 | 544쪽 | 값 25,000원

 자율주의와 진보교육
조엘 스프링 지음 | 심성보 옮김 | 320쪽 | 값 15,000원

 민주시민을 위한 도덕교육
심성보 지음 | 500쪽 | 값 25,000원
2015 세종도서 학술부문

 민주화 이후의 공동체 교육
심성보 지음 | 392쪽 | 값 15,000원
2009 문화체육관광부 우수학술도서

 교과서 밖에서 배우는 인문학 공부
정은교 지음 | 280쪽 | 값 13,000원

 갈등을 넘어 협력 사회로
이창언·오수길·유문종·신윤관 지음 | 280쪽 | 값 15,000원

 오래된 미래교육
정재걸 지음 | 392쪽 | 값 18,000원

 동양사상과 마음교육
정재걸 외 지음 | 356쪽 | 값 16,000원
2015 세종도서 학술부문

 대한민국 의료혁명
전국보건의료산업노동조합 엮음 | 548쪽 | 값 25,000원

 교과서 밖에서 배우는 철학 공부
정은교 지음 | 280쪽 | 값 14,000원

 교과서 밖에서 배우는 고전 공부
정은교 지음 | 288쪽 | 값 14,000원

 교과서 밖에서 배우는 사회 공부
정은교 지음 | 304쪽 | 값 15,000원

 전체 안의 전체 사고 속의 사고
김우창의 인문학을 읽다
현광일 지음 | 320쪽 | 값 15,000원

 교과서 밖에서 배우는 윤리 공부
정은교 지음 | 292쪽 | 값 15,000원

 카스트로, 종교를 말하다
피델 카스트로·프레이 베토 대담 | 조세종 옮김
420쪽 | 값 21,000원

 한글 혁명
김슬옹 지음 | 388쪽 | 값 18,000원

 일제강점기 한국철학
이태우 지음 | 448쪽 | 값 25,000원

 우리 안의 미래교육
정재걸 지음 | 484쪽 | 값 25,000원

 한국 교육 제4의 길을 찾다
이길상 지음 | 400쪽 | 값 21,000원

 왜 그는 한국으로 돌아왔는가?
황선준 지음 | 364쪽 | 값 17,000원

 마을교육공동체 생태적 의미와 실천
김용련 지음 | 256쪽 | 값 15,000원

▶ 평화샘 프로젝트 매뉴얼 시리즈
학교폭력에 대한 근본적인 예방과 대책을 찾는다

 학교폭력 어떻게 만들어지는가
문재현 외 지음 | 300쪽 | 값 14,000원

 아이들을 살리는 동네
문재현 · 신동명 · 김수동 지음 | 204쪽 | 값 10,000원

 학교폭력, 멈춰!
문재현 외 지음 | 348쪽 | 값 15,000원

 평화! 행복한 학교의 시작
문재현 외 지음 | 252쪽 | 값 12,000원

 왕따, 이렇게 해결할 수 있다
문재현 외 지음 | 236쪽 | 값 12,000원

 마을에 배움의 길이 있다
문재현 지음 | 208쪽 | 값 10,000원

 젊은 부모를 위한 백만 년의 육아 슬기
문재현 지음 | 248쪽 | 값 13,000원

 별자리, 인류의 이야기 주머니
문재현 · 문한뫼 지음 | 444쪽 | 값 20,000원

 우리는 마을에 산다
유양우 · 신동명 · 김수동 · 문재현 지음 | 312쪽 | 값 15,000원

 동생아, 우리 뭐 하고 놀까?
문재현 외 지음 | 280쪽 | 값 15,000원

 누가, 학교폭력 해결을 가로막는가?
문재현 외 지음 | 312쪽 | 값 15,000원

▶ 남북이 하나 되는 두물머리 평화교육
분단 극복을 위한 치열한 배움과 실천을 만나다

 10년 후 통일
정동영 · 지승호 지음 | 328쪽 | 값 15,000원

 선생님, 통일이 뭐예요?
정경호 지음 | 252쪽 | 값 13,000원

 분단시대의 통일교육
성래운 지음 | 428쪽 | 값 18,000원

 김창환 교수의 DMZ 지리 이야기
김창환 지음 | 264쪽 | 값 15,000원

 한반도 평화교육 어떻게 할 것인가
이기범 외 지음 | 252쪽 | 값 15,000원

▶ 창의적인 협력 수업을 지향하는 삶이 있는 국어 교실
우리말 글을 배우며 세상을 배운다

 중학교 국어 수업 어떻게 할 것인가?
김미경 지음 | 340쪽 | 값 15,000원

 토론의 숲에서 나를 만나다
명혜정 엮음 | 312쪽 | 값 15,000원

 토닥토닥 토론해요
명혜정 · 이명선 · 조선미 엮음 | 288쪽 | 값 15,000원

 인문학의 숲을 거니는 토론 수업
순천국어교사모임 엮음 | 308쪽 | 값 15,000원

 어린이와 시
오인태 지음 | 192쪽 | 값 12,000원

 수업, 슬로리딩과 함께
박경숙 외 지음 | 268쪽 | 값 15,000원

 언어던
정은균 지음 | 268쪽 | 값 15,000원

 민촌 이기영 평전
이성렬 지음 | 508쪽 | 값 20,000원

참된 삶과 교육에 관한
생각 줍기